FKK

Neue Bauhausbücher
**Neue Folge der von Walter Gropius
und Laszlo Moholy-Nagy
begründeten** ›bauhausbücher‹
**Herausgegeben
von Hans M. Wingler**

Serge Chermayeff
Christopher Alexander

Gemeinschaft und Privatbereich im neuen Bauen

**Auf dem Wege
zu einer humanen Architektur**

**Mit einem Vorwort von Kenneth Rexroth
und einem Nachwort von H. M. Wingler**

**Bei Florian Kupferberg
Mainz und Berlin**

Die Zusammenfassung des Berichtes über das Bevölkerungswachstum von Heinz von Foerster wird mit Genehmigung des Autors zitiert. Das Zitat aus Marshall McLuhans Brief aus Toronto von 19. Dezember 1960 erfolgt mit Genehmigung des Verfassers. Das Kreisdiagramm der drei Magnete (Stadt, Land, Vorstadt) aus Ebenezer Howard, ›Garden Cities of Tomorrow‹, erscheint mit Genehmigung von Faber & Faber, London (1946). Das Entwicklungszyklus-Diagramm aus K. Lönberg-Holm und C. Theodore Larson, ›Development Index‹, erscheint mit Genehmigung von The University of Michigan Press in Ann Arbor (1953). Die Zeichnung des Orrubio Nurhag der Festung Orrollis in Nuoro auf Sardinien von Giovanni Lilliu erscheint mit dessen Genehmigung (copyright 1959 bei ›Scientific America‹, alle Rechte vorbehalten). Der Plan des Baphoun-Tempels wird mit Genehmigung von B. P. Groslier, E. F. E. O. (Conservation d'Anghor) veröffentlicht. Das Diagramm von Frederick J. Kiesler, das die Wechselwirkung zwischen Technologie, Veralten und Entwurf darstellt, stammt aus Frederick J. Kiesler, ›On Correalism and Biotechnique‹, in: ›Architectural Record‹, September 1939 (copyright bei F. W. Dodge Corporation, alle Rechte vorbehalten), veröffentlicht mit Genehmigung des Verlegers und Frederick J. Kieslers. Die schematische Darstellung des Abstraktionsprozesses von A. Korzybski und Wendell Johnson ist W. Johnson, ›People in Quandaries‹, New York 1946, entnommen und erscheint mit Genehmigung des Verlegers.

© Serge Chermayeff, New York
Amerikanische Ausgabe
Doubleday & Company, Inc., New York
© Deutsche Ausgabe
Florian Kupferberg Verlag, Mainz
Alle deutschsprachlichen Rechte,
auch die des Nachdrucks in Auszügen
und der fotomechanischen Wiedergabe,
sind vorbehalten
Übersetzung Renate Pfriem und Almut v. Wulffen
Gesamtherstellung Passavia Druckerei AG Passau
Printed in Germany
ISBN 3 7837 0072 8

Für Walter Gropius
in Bewunderung, Zuneigung
und Dankbarkeit

Inhalt

Vorwort von Kenneth Rexroth 9
Vorwort des Verfassers 13
Einführung in den Themenkreis 15

Teil I
Die Massenkultur

1 Der Zerfall der menschlichen Umwelt 27
2 Der Rückzug der Natur 35
3 Der Zerfall der Stadt 43
4 Das Fiasko der Vorstadt 53
5 Auf der Suche nach dem Überschaubaren 63
6 Feind Nummer eins: das Auto 73
7 Feind Nummer zwei: der Lärm 83
8 Glaube und Vernunft 91

Teil II
Städtisches Wohnen

9 Anatomie des Urbanismus 103
10 Die Hierarchien 121
11 Das Problem 131
12 Kritische Beurteilung 155
13 Anatomie der Privatsphäre 175
14 Neue Planeinheiten 201

Nachwort des Herausgebers 209

Vorwort

Jeden Monat wächst die Weltbevölkerung so stark an, daß die hinzukommenden Menschen eine Stadt von der Größe Detroits füllen könnten. In einigen Jahren wird es monatlich eine Stadt von der Größe Chicagos sein.

Wir sind uns alle über die ›Bevölkerungsexplosion‹ im klaren, wenn auch angesichts unserer gegenwärtigen Wirtschaft des Überflusses und der noch nicht übervölkerten Vereinigten Staaten die meisten sie bloß verstandesmäßig registrieren. Nur wenige sind sich bewußt, wie schnell die Auswirkungen in vielen Teilen der Welt zu spüren sind. Es ist schade, daß man nicht in der Zeit und im Raum reisen und Madras, Kanton und Java in den Jahren 1850, 1900 und heute besuchen kann. Die Älteren unter uns können zumindest das heutige Leben in unseren Städten, sei es Paris, London oder New York, mit dem der vorigen Generation vergleichen.

Der Mensch schafft seine eigene Umwelt, und zwar mit immer größerer Schnelligkeit. ›Schaffen‹ ist kaum das richtige Wort, insofern als er die Umwelt einfach gemacht hat – im Sinne von: ›So, nun hast du dein Bett gemacht, jetzt mußt du dich auch hineinlegen.‹ Es ist offensichtlich, daß die Umwelt dem Menschen selbst in reichen und hochentwickelten Ländern bald ›über den Kopf wachsen‹ wird. Heutzutage ist es, um es mit den Worten Frank Lloyd Wrights auszudrücken, leichter, über die Verdecke der New Yorker Taxis kriechend zu einem Ziel zu gelangen als im Taxi.

Die meisten Spekulationen über die Gefahren der Bevölkerungsexplosion richten sich auf wirtschaftliche Faktoren – besonders auf die Nahrungsmittelversorgung und die Verringerung der Bodenschätze. Es gibt aber noch eine andere, ebenso schwerwiegende Gefahr, nämlich im Bereich des Ästhetischen. Dies mag frivol klingen; aber das ist es nicht. Von der organischen, der physiologischen, neurologischen und emotionalen Reaktion des Menschen auf seine Umgebung hängt sein Wohlergehen als Gattung ab.

Wir machen uns lustig über das Wort ›Zusammengehörigkeit‹, aber an dem wachsenden Zerfall unserer Zusammengehörigkeit untereinander und mit dem übrigen Leben auf diesem Planeten ist nichts Lustiges. Die Ökologie ist die Wissenschaft von der Zusammengehörigkeit der Lebewesen mit ihrer Umwelt. Der Mensch verändert die ökologische Situation, aus der er als Spezies hervorgegangen ist, so radikal und planlos, daß er seine eigene Zukunft gefährdet. Wenn die Weltbevölkerung im nächsten Jahrhundert auf 5 Mrd. Menschen anwächst (nach den gegenwärtigen Wachstumsraten werden es noch mehr sein), die in 100 000 Kalkuttas und Harlems wohnen, könnte man sie durch Algenkulturen in den Städten, Nutzung des Meeresbodens, synthetische Gewinnung von Nahrungsmitteln aus Mineralien und durch wachsende Berge lebendigen Fleisches in Reservoiren mit künstlichem Nährboden versorgen. Aber etwas wird mit der menschlichen Gattung geschehen sein. Wenn sie unter solchen Bedingungen überlebt, wird das sicher nur dadurch möglich sein, daß sie sich in ihrem Wesen verändert, und zwar – zumindest von unserem Standpunkt aus – nicht zu ihrem Besten. Wir sprechen vom Untergang der humanistischen Tradition. Es ist das spezifisch Menschliche, das bedroht ist. Für Montaigne oder Sophokles wäre im heutigen Djakarta kein Platz mehr. Welche Wesen sind zum Überleben am geeignetsten, wenn solche Gemeinschaften sich auf der Erde ausgebreitet haben?

Wahrscheinlich wird die nächste Generation wirksame Mittel zur Eindämmung des Bevölkerungswachstums finden. Vielleicht auch wird der wahrscheinlich eintretende Atomkrieg das Problem kurzerhand lösen und die Erdbevölkerung auf wenige Millionen Menschen in den Tropen und der südlichen Hemisphäre reduzieren. Inzwischen aber geht die noch am Anfang stehende Ausbreitung unmenschlicher Gemeinschaften weiter. Die Erneuerung der Städte – was die Franzosen ›urbanisme‹ nennen, ›suburbia‹, ›exurbia‹ – hält an, und aseptische Slums wuchern.

Wir erinnern uns des Aquariums im Biologieunterricht, in dem die Kolonie der Volvox in einer bestimmten Ecke wuchs, nämlich dort, wo die Licht- und Temperaturbedingungen am günstigsten waren. Der Mensch verändert Temperatur, Licht und Salzgehalt seines eigenen Aquariums ohne Vernunft und ohne Wissen um die möglichen Konsequenzen. Keiner weiß, was geschehen wird.

Die Natur bringt den Menschen hervor. Der Mensch die Kultur. Die Kultur schafft den Menschen. Der Mensch zerstört die Natur. Betrachten wir die ökologisch stabile Umwelt, in der sich der Mensch als Gattung wahrscheinlich entwickelt hat. Sie muß der Klimax-Formation im Osten der Vereinigten Staaten geglichen haben, einem riesigen, von Parkgebieten unterbrochenen Laubwald –

nur wahrscheinlich etwas wärmer. Wo ist dieser Wald geblieben? Ist die heutige, vom Menschen geschaffene Umwelt ihm in irgendeiner Weise ähnlich? Wie viele Veränderungen dieser Art können wir vertragen? Sie sind bereits größer als die ökologischen Veränderungen der späten Jura-Periode, die die Riesenreptilien dem Untergang weihten.

Für Archäologen, für Kulturanthropologen und ebenso für Wirtschaftswissenschafter ist die Kultur meist nichts anderes als eine Ansammlung von Töpfen und Pfeilspitzen, Ruinen, Blutverwandtschaften, Initiationsriten, Nahrungsernten, von Wert, Preis und Profit – Dinge und Beziehungen, die unabhängig von der Zeit und irgendeinem Selbstbewußtsein des menschlichen Lebensprozesses zu sein scheinen. Sind wir bloß Träger des Evolutionsprozesses unserer Werkzeuge, die uns vielleicht überwältigen und vernichten werden?

Dies ist die Aufgabe des Architekten, des Landschaftsarchitekten und der Gemeinschaftsplaner: die schöpferische Rekonstruktion unserer Ökologie. Wir besitzen heutzutage das hierzu nötige Wissen und die nötige Technik. Es wäre durchaus möglich, die menschliche Umwelt bewußt neu aufzubauen, und zwar so, daß das Endergebnis die Entfaltung und Vertiefung des Lebens der Gattung Mensch ist, die zunehmende Ausweitung des Lebenshorizontes, die ästhetische Bereicherung im tiefsten Sinne. Vermutlich ist das die einzige Form von ›schöpferischer Evolution‹, zu der wir fähig sind. Und es ist uns möglich, dies auszuführen.

Darin liegt der Sinn des vorliegenden Buches. Die Autoren sprechen über mehr als über die funktionsgerechte Organisation von Wohnstätten für die Gemeinschaft; zumindest beruht die Darstellung auf einem ungewöhnlich ausgeprägten Sinn für die Bedeutung des Wortes ›funktionsgerecht‹. Die ideale Struktur der Gemeinschaft – die physische Struktur von Gebäuden und Land – sollte wie ein künstlicher Nährboden sein, wie die günstigste Stelle im Aquarium der Volvox, ein Nährboden, der die schöpferischen Reaktionen der Gemeinschaft im Hinblick auf höchstmögliche Entfaltung der Humanität anregt und bereichert.

Eine solche Gemeinschaftsplanung hat bei uns eine lange Tradition. Wir verfügen über eine große Zahl von allgemeinen oder philosophischen Untersuchungen. Die Namen Geddes und Mumford sind hier jedem Gebildeten geläufig. Aber ich kenne nur wenige Arbeiten, die das Problem unmittelbar, mit Bezug auf die wirkliche, physische Strukturierung, angehen. Welches sind die Bedingungen für den biologisch günstigsten Zustand? Wie bestimmen wir diese Bedingungen in Form von Kubikmetern gefüllten oder leeren Raumes?

Den Schwerpunkt dieses Buches bildet eine auf den Menschen bezogene Ökologie. Die Autoren sind sich bewußt, daß hierbei neue Faktoren ins Spiel kommen, die für das Gleichgewicht des

Lebens in einem Teich oder das optimale Wachstum des immergrünen Chaparral-Gebüsches auf einem trockenen Berghang ohne Bedeutung sind. Ein großer Teil der menschlichen Tätigkeiten ist sozialer Natur. Aber letztlich haben sie – wie praktisch und öffentlich auch immer – ihren Ursprung im Privatleben. Der Mensch ist nicht nur ein rationales, sondern auch ein kontemplatives Lebewesen. Wir stellen uns Kontemplation meist als eine religiöse Übung vor, als ein Gebet in der Kirche oder im Kloster oder vielleicht als stille Meditation in einem Park oder Garten. Aber die Grundlage menschlicher Aktivität bildet für die meisten Menschen und für die Gesellschaft insgesamt die Familie. Unser Gemeinwesen scheint jedoch so angelegt zu sein, daß gerade der private Familienfriede – das lebendige Miteinander von Eltern und Kindern – aufgelöst und zerstört wird. Familiengebete sind schon lange außer Mode; aber es gibt eine Art geheimer Quelle der Kraft in der Familie, die für das menschliche Leben wesentlich ist. Sie zu schützen und zu bereichern, ist vor allem andern Serge Chermayeffs Anliegen.

Man könnte dieses Buch einfach eine Art Einführung in die menschliche Biotechnik nennen. Sicher ist es das auch, und in meisterhafter Form. Mir scheint jedoch, es ist mehr als das. Es ist – in einem besonderen Sinn – eine Einführung in einen kreativen oder konstruktiven Humanismus. Vorbildlich dafür ist ein Werk wie Werner Jaegers ›Paideia‹. Wir müssen in Begriffen denken, die eine Art höherer Hygiene darstellen: die planmäßig geschaffene Umwelt mit dem größtmöglichen Reichtum an Leben.

Wozu dient das alles? Ist es möglich, die Lawine unserer eigenen, unvernünftigen Bauweise aufzuhalten? Ich weiß es nicht. Es gibt so viele negative Faktoren, die das Überleben der Gattung in Frage stellen – von ihrer Evolution gar nicht zu sprechen –, daß die Aussichten in der Tat düster sind. Ein Buch wie das vorliegende ist indes eine wirkungsvolle Kraft, die in die andere Richtung treibt. Wer weiß, durch welche zufällige Wirkung kosmischer Strahlen einst in geologischer Zeit ein Gen verändert und damit die entscheidende Differenzierung verursacht wurde? Gewiß bedeutet dieses Buch nur ein kleines, wenn auch wirksames Stück kreativer Evolution. Hätten wir viele solcher Bücher, könnte – jedenfalls besteht diese Möglichkeit – der mächtige Strom unserer eigenen biologischen Geschichte in neue Bahnen gelenkt werden.

Kenneth Rexroth

Vorwort des Verfassers

Seit dem ersten Erscheinen dieses Buches erhielt der Verfasser viele Zuschriften. Sie gaben Anlaß zu den folgenden Bemerkungen. Ihre Absicht ist es, dem interessierten Laien oder dem Fachmann, der der Diskussion folgen will, Hilfestellung zu leisten, nicht jedoch einer These zur Anerkennung zu verhelfen.
Allerorts verschärfen sich die Konflikte zwischen privater Freiheit und öffentlicher Verantwortung. An ihrer Lösung müssen alle, die am Gestaltungsprozeß der menschlichen Umwelt beteiligt sind, mitarbeiten. Und auch ihre Auftraggeber sollten diese Probleme verstehen. Inzwischen sind die bedrohlichen Entwicklungen auch von anderen als den Gestaltern selbst erkannt worden.
Bevölkerungswachstum und Verseuchung der Umwelt durch den Menschen werden überall diskutiert. Es ist viel über den zweifelhaften Segen des Autos und über städtische Verkehrsprobleme geschrieben worden. Die wachsende Mobilität des Menschen wird ständig unterstützt; selten wird über eine ausgleichende Ruhe nachgedacht. Den gigantischen Problemen, die die elektronische Entwicklung mit sich bringt, der Revolution in den Kommunikationssystemen, in der Erziehung, in den Berufsstrukturen und in der Freizeitgestaltung, wird von den Gestaltern keine größere Beachtung geschenkt.
Zwei häufig auftretende Reaktionen dieses Buches erfordern eine Klarstellung. Einmal ist der Hauptgegenstand nicht das Atriumhaus. Es ist nur ein zufälliges Beispiel. Dieser alte städtische Wohnungstyp könnte allerdings mit entsprechenden Veränderungen auch heute in dicht besiedelten Gebieten zu einer lebensfähigen Form der Familienwohnung zu ebener Erde entwickelt werden. Zum Zweiten propagiert das Buch nicht den Computer als Ersatz für menschliches Denken. Vielmehr wird die Nützlichkeit dieses neuen Instruments für den Gestaltungsprozeß anerkannt, und es wird an einem Beispiel gezeigt, wie man mit seiner

Hilfe zu einer überraschend neuen Lösung für ein altes Problem gelangt.

Notwendigerweise werden die technischen Methoden im Rahmen der Absichten dieses Buches simplifiziert dargestellt. Der fachlich geschulte Leser, der mehr wissen möchte, sei auf Christopher Alexander, ›Some Notes on the Synthesis of Form‹ (Harvard Press, 1964) verwiesen.

Um die Absicht des Verfassers kurz zusammenzufassen: Das Buch tritt für die Entwicklung einer Wissenschaft der Umweltgestaltung ein, die den hohen Zielen, der schöpferischen Fähigkeit und der technischen Geschicklichkeit zu Hilfe kommen soll, ehe es zu spät ist. Dann wird, nach den Worten von Eric Gill, ›Schönheit für sich selbst sorgen‹.

Seit dem Erscheinen dieses Buches hat, in schicksalhaften Jahren, die Menschheit ihre Grenzen dramatisch erweitert.

Die Probleme einer vom Menschen geschaffenen Umwelt, die Kenneth Rexroth in seinem Vorwort treffend als ökologisch bezeichnet, haben sich erweitert. Auch die Natur ist nun in Mitleidenschaft gezogen. Nicht nur die vom Menschen geschaffene Umwelt, sondern auch die natürliche ist verseucht. Nüchterne Wissenschafter vertreten die Meinung, der Mensch habe einen Punkt erreicht, von dem es kein Zurück mehr gibt. Humanität und Überleben seien gleichermaßen bedroht.

Dieses Buch betont nachdrücklich das vernachlässigte, private Ende eines Spektrums, an dessen anderem Ende die Gemeinschaft steht. Zwischen diesen komplementären Gegensätzen findet alles Leben, auch das des Menschen, seine Erfüllung. Das Prinzip der komplementären Gegensätze innerhalb eines ausgleichenden Systems liegt der Suche des Autors nach einer neuen Ordnung zugrunde. Es muß auch den ›Urbanismus‹, eine neue Stufe menschlicher Entwicklung, beherrschen.

Seit dem Erscheinen des Buches ist dieses Prinzip auch auf die Ordnung der menschlichen Gemeinschaft ausgedehnt worden. Es könnte das Instrument werden, das es der Menschheit ermöglicht, sich voll zu entfalten.

Serge Chermayeff

Einführung in den Themenkreis

Der große Übergang
Menschenökologie
Wissenschaft, Technik und ihr Ziel
Masse und Wucherung
Welten aus zweiter Hand
Das Leben in den Städten

›Wir befinden uns gegenwärtig in einer Übergangsphase der menschlichen Entwicklung, die eine ebenso einschneidende Änderung einleitet wie der Übergang von der primitiven zur zivilisierten Gesellschaft. Ich nenne sie den Übergang von der Zivilisation zur Nachzivilisation. Diese Vorstellung wirkt auf viele Leute schockierend, die noch immer glauben, daß das, was heute in der Welt geschieht, eine einfache Fortsetzung jener Bewegung darstelle, die von der primitiven zur zivilisierten Gesellschaft führte. Wir müssen uns jedoch bewußt sein, daß wir uns einer Periode nähern, die so verschieden von der Zivilisation ist wie diese von der ihr vorausgegangenen primitiven Gesellschaft. Dies eigentlich bedeutet der harmlose Ausdruck ›wirtschaftliche Entwicklung‹. Es scheint Ironie, daß genau in dem Augenblick, in dem sich die Zivilisation endlich über die ganze Welt ausbreitet, und nur noch in ständig kleiner werdenden, abgelegenen Gebieten primitve Gemeinwesen bestehen, die Nachzivilisation der Zivilisation auf den Fersen folgt und in der zivilisierten Gesellschaft denselben Umbruch und denselben Aufruhr hervorruft, wie die Zivilisation in den primitiven Gesellschaften dies bewirkt hat.‹
Professor Kenneth E. Boulding, ›Conference on the City in History‹, Harvard University, 1961

›Die Stadt war stets ein Mittel, ein gewisses Maß von Simultaneität der menschlichen Beziehungen und Ideen zu gewährleisten. Was in dieser Hinsicht die Familie und der Stamm für wenige bedeutet hatte, bedeutet die Stadt für viele. Unsere Technik jedoch beseitigt gegenwärtig jegliche Stadtmauern und andere Rückzugsmöglichkeiten.
Den auf mündlicher und akustischer Übermittlung beruhenden Stammeskulturen war die visuelle Rekonstruktion der Vergangenheit unbekannt. Alle Erfahrung und alles vergangene Leben waren gegenwärtig. Der Mensch, der weder lesen noch schreiben konnte, kannte nur die Simultaneität. Die Schranken zwischen den Menschen und zwischen Künsten und Wissenschaften erwuchsen erst auf dem Boden des geschriebenen und visuell fixierten Wortes. Mit der Rückkehr zur Simultaneität betreten wir von neuem die akustische Welt der Stammeskultur, und zwar auf globaler Stufe.‹
Marshall McLuhan, ›The Media Fit the Battle of Jericho‹, in: ›Explorations Six‹, Juli 1956

›Die Ausbreitung einer durch Fernsehkanäle verbundenen Stadtkultur halte ich nicht für sinnvoll und wahrscheinlich, und ich hoffe, daß sie nicht zu verwirklichen ist. Ich habe viele Radio- und Fernsehgespräche geführt; sie sind stets unbefriedigend. Sicher kann man nicht das tun, was Mr. Dean Acheson uns kürzlich in Erinnerung rief, nämlich dem Gesprächspartner einen Rippenstoß ver-

setzen. Nein, es gibt viele Dinge, die man nur von Angesicht zu Angesicht tun kann und nicht wie im Fernsehen von ›Person zu Person‹. Die Fortpflanzung der menschlichen Gattung gehört dazu und ebenso die Nutzung der Stadt für ihr höchstes Ziel, nämlich die Zivilisation der Menschheit.‹
D. W. Brogan, ›Conference on the City in History, Harvard University‹, 1961

›Statt von immanenten Werten, die in den Anfangsstadien ihrer Entwicklung aus Urinstinkten entstanden sind, wird der Mensch angesichts neuer Verhältnisse in Zukunft von immer rationaleren und vollständig von außen bestimmten Lösungen seiner Probleme abhängen. Kurz gesagt: Eine neue Art der Wahrnehmung und Bewertung sozialer und natürlicher Phänomene formt die Welt. Wie weit wir in der Lage sind, die Konsequenzen dieser Entwicklung für die Gestaltung der Zukunft zu erfassen, ist schwer zu sagen; sicherlich wird unser Urteil nicht von denen geteilt werden, die dann leben werden. Zweifellos wird das Individuum der Zukunft in seiner grundlegenden Weltanschauung ebenso verschieden von uns sein wie seine Gesellschaft und seine Welt von der unseren. Und obwohl es notwendigerweise vollkommen in seine Welt integriert und ihr mehr angepaßt sein wird als wir, die wir in einem Zeitalter des Übergangs leben, wagen wir über diese allgemeine Feststellung kaum hinauszugehen. Unsere Bemühungen in dieser Richtung werden sich zweifellos als fragwürdiger und schwieriger, als willkürlicher und fruchtloser erweisen als unsere Versuche, die geistigen und emotionalen Verhaltensweisen unserer fernen Vorfahren in prähistorischer Zeit zu begreifen.‹
Roderick Seidenberg, ›Posthistoric Man‹, 1957

›Die Vorgänge, die wir mit Hilfe unserer technischen Erfindungen hervorrufen (zum Beispiel das Sterben von Millionen von Menschen durch eine Wasserstoffbombe), sind so unübersehbar, daß wir nicht mehr in der Lage sind, sie zu begreifen. Die Beziehungen zwischen Vorsatz, Tat und Folge sind zerstört.‹
Max Born, in: ›Bulletin of the Atomic Scientists‹, Juni 1960

›Während der Mensch seinem offen verkündeten Ziel, der Eroberung der Natur, zustrebt, hat er niederdrückende Zeugnisse eines Vernichtungswerks hinterlassen, das sich nicht nur gegen die Erde richtet, die er bewohnt, sondern auch gegen die Lebewesen, die sie mit ihm teilen. Die Geschichte der letzten Jahrhunderte hat düstere Kapitel: Die Bisons auf den Prärien des Westens wurden abgeschlachtet; Schützen, die ihre Beute auf dem Markt feilboten, richteten ein Blutbad unter den Küstenvögeln an, und die Reiher wurden um ihrer Federn willen beinahe ausgerottet.

Nun fügen wir zu diesen und anderen ähnlich traurigen Kapiteln ein neues hinzu, beschwören neue Verwüstung herauf: Wir töten jetzt auch Vögel, Säugetiere, Fische, ja alle Arten wildlebender Geschöpfe durch chemische Insektizide, die auf ein Stück Land gesprüht werden und wahllos wirken.‹
Rachel Carson, ›Der stumme Frühling‹, 1962, deutsch 1968

›Der technologische Fortschritt geht mit immer größerer Beschleunigung vonstatten, da jede Erfindung und Verbesserung den nächsten Schritt erleichtert. Solange aber durch unberechenbare Politik, durch Krieg und wirtschaftlichen Kampf verursachte Schwankungen und Zufälle regieren, wird diese Entwicklung nicht sichtbar. So war es bis etwa 1600. Dann begann der Aufstieg, der seit etwa 1800 schneller wurde und heute atemberaubend schnell ist. Es wird so weitergehen, wenn nicht eine Katastrophe allem ein Ende bereitet.‹
Max Born, in: ›Bulletin of the Atomic Scientists‹, Juni 1960

›Aber wenn der Mensch, ›das Vorbild der Tiere‹, sich unkontrolliert vermehrt, so ist er in Gefahr, zum Krebsgeschwür des Planeten zu werden. Doch was ist der Krebs? Er ist ein monströses oder pathologisches Gewächs, dessen Zellfortpflanzung unkontrolliert vor sich geht, dessen Zellen begonnen haben, sich unbegrenzt zu vervielfachen und ihre Struktur ganz oder teilweise verloren haben.‹
Julian Huxley, ›Man's Challenge: The Use of the Earth‹, in: ›Horizon‹, September 1958

›Das Wachstum einer Population replizierender Elemente soll stabil heißen, wenn zu jeder Zeit die Anzahl der Elemente endlich ist. Populationen voneinander unabhängiger Elemente, z. B. Hefezellen in einer reichen Nährsubstanz oder Populationen sich gegenseitig beeinflussender Elemente, die um eine begrenzte Zahl von Nahrungsmitteln kämpfen, z. B. Tiere in einer bestimmten ökologischen Situation, sind Beispiele für Populationen mit Wachstumsstabilität. Während im ersten Fall das Wachstum der Population durch eine konstant bleibende Verdoppelung charakterisiert ist, wird es im zweiten Fall durch eine konstant bleibende Anzahl von Elementen gekennzeichnet.
Das Wachstum einer Population soll instabil heißen, wenn zu einem bestimmten Zeitpunkt die Anzahl der Elemente über alle Grenzen wächst. Das ist z. B. der Fall, wenn die Elemente sich zusammenschließen, das heißt, wenn zwei Elemente gemeinsam mehr bewirken, als es die Elemente je einzeln könnten. In mathematischer Ausdrucksweise kann das Wachstum solch einer instabilen Population durch die Formel

$$N = K / \frac{k}{t}$$

wiedergegeben werden, wobei N für die Anzahl der Elemente zum jeweiligen Zeitpunkt steht, K und k charakteristische Konstanten sind und t der ›countdown‹ in Jahren mit dem ›Zeitpunkt Null‹ als Augenblick der Instabilität, das heißt der Zeitpunkt, zu dem sich die Population durch Überbevölkerung vernichtet (N–x).
Zweifellos gehört der Mensch mit seiner Fähigkeit zur Kommunikation zur Kategorie der koalitionsbildenden Elemente, und darum gehorcht das Wachstum der menschlichen Bevölkerung der obigen Gleichung. Wenn man wohlbegründete Schätzungen der Weltbevölkerung aus den letzten zehn Jahrtausenden benutzt, so errechnet man für die charakteristischen Konstanten K = 180 Milliarden, k = 0.98 und für den ›Zeitpunkt Null‹ das Jahr 2027 n. Chr. Mit anderen Worten, in 65 Jahren oder innerhalb einer Lebensspanne droht die Menschheit, wie wir sie heute kennen, unterzugehen.
Eine der dramatischsten Folgen des Wachstumsmechanismus ist die gleichbleibende Abnahme der Verdoppelungszeit (DT) der menschlichen Bevölkerung. Das wird ungefähr in der folgenden Formel ausgedrückt:

$$DT = \frac{1}{2} t$$

worin t wieder der ›countdown‹ in Jahren ist. Danach benötigte die menschliche Bevölkerung zur Zeit Christi (t = 2027) etwa 1000 Jahre, um sich zu verdoppeln, und um die Wende des ersten Jahrtausends (t = 1027) etwa 500 Jahre. An der Wende unseres Jahrhunderts können wir beobachten, daß die Weltbevölkerung sich bereits in 62 Jahren verdoppelt, und von heute aus gesehen müssen unsere Städte in 33 Jahren doppelt so groß wie heute sein, um eine Bevölkerung aufzunehmen, die sich in nur einer Generation verdoppelt hat.‹
Heinz von Foerster, ›Summary of Report on Population Growth‹, 1962

›Jedes Individuum verwendet die Fülle an Zufällen, in die es hineingeboren wurde, um während seines Lebens Regeln aufzustellen, die ihm nützlich sind und weitergegeben werden können. Ebenso können wir bei allen Lebewesen im Evolutionsprozeß das Anwachsen des Zufälligen feststellen. Die höheren Tiere sind in gewissem Sinn von ihrer Umwelt losgelöster bzw. unabhängiger als die niedrigeren. Man kann sich daher das Universum als kontinuierliches System vorstellen, in dem es zwei Elemente gibt: Zufall und Organisation, Unordnung und Ordnung, die – wenn man so will – mit einander abwechseln, und zwar so, daß sie die Kontinuität aufrechterhalten.
John Zachary Young, ›Reith Lectures‹, 1950, und ›Doubt and Certainty in Science‹, 1951

›Das tägliche Leben konfrontiert uns nicht mit sicheren und unmittelbaren Tatsachen, sondern mit stereotypen Interpretationen. In unsere Erfahrung geht immer viel mehr ein als das, was wir selbst unmittelbar erleben, und sie ist stets indirekt und gelenkt. Die erste Regel für das Verständnis der menschlichen Situation besteht darin, daß die Menschen in Welten aus zweiter Hand leben.
Das Bewußtsein der Menschen bestimmt nicht ihre Existenz; und ihre Existenz bestimmt nicht ihr Bewußtsein. Zwischen dem menschlichen Bewußtsein und der materiellen Existenz gibt es Beziehungen und Zielsetzungen, Strukturen und Werte, die entscheidenden Einfluß haben.‹
C. Wright Mills, ›The Man in the Middle‹, in: ›Design and Human Problems‹, 1958

›Der Quäker Peter Collinson, Kaufmann und Naturforscher in London, schreibt gereizt an John Bartram in den Kolonien: ›Wenn du irgend etwas aus eigener Erfahrung weißt, so teile es mir bitte mit. Auf das Gerede anderer kann man sich nicht verlassen.‹
Loren Eisely, ›The Firmament of Time‹, 1960

›Wenn sie überhaupt etwas bedeutet, so kann man die neotechnische Periode als Vorhaben deuten, Bodenschätze und Bevölkerung besser zu nutzen, um die menschlichen Verhältnisse und die Umwelt zu verbessern, um ein Eutopia zu schaffen, Stadt für Stadt, Zone für Zone, jeder Ort ein Platz wirklicher Gesundheit und wirklichen Wohlergehens, von überragender und in ihrer Art beispielloser Schönheit. Das beginnt hier, dort und überall – selbst da, wo paläotechnische Unordnung das Schlimmste angerichtet zu haben scheint.‹
Patrick Geddes, ›Paleotechnic and Neotechnic‹, in: ›Cities in Evolution‹, 1913

›Der Unterschied zwischen unserer Dekadenz und der der Russen besteht darin, daß die ihre brutal ist, während die unsere apathisch ist. Wir haben eine mündliche Kultur, eine verbale Kultur, eine Babel-, Tollhaus- und Gezänk-Kultur. Sie bedeutet wahrscheinlich den endgültigen Verfall.‹
James Thurber, in: ›Manchester Guardian‹, Februar 1961

›Die Stadt ist ein Arbeitswerkzeug.
Die Städte erfüllen im allgemeinen diese Aufgabe nicht mehr.
Sie sind fruchtlose Gebilde: Sie verbrauchen den Körper, sie arbeiten dem Geist entgegen..
Die Unordnung, die sich in Städten vervielfältigt, wirkt verletzend: ihre Entartung verwundet unsere Eigenliebe und kränkt unsere Würde.

Sie sind des Zeitalters nicht würdig: Sie sind unserer nicht mehr würdig.‹
Le Corbusier, ›Urbanisme‹, 1925

›In größerem Maße als irgendeine andere Nation sind wir Amerikaner zu einem Volk geworden, das sich ›im Haus‹ aufhält. Ein großer Teil unseres Lebens – Arbeiten, Schlafen, Spielen – wird in Gebäuden verbracht, über deren Bauart und Konstruktion wir wenig oder gar keine Kontrolle haben; in Gebäuden, deren bauliche und ökonomische Aufteilung nur ganz entfernt von unseren Bedürfnissen bestimmt wird; in Gebäuden, deren Einfluß auf unsere Gesundheit und unser Glück nur selten klar erfaßt wird. Schon jetzt kann die Bedeutung des amerikanischen Gebäudes für jeden Aspekt und jeden Bereich des amerikanischen Lebens kaum überschätzt werden.‹
James Marston Fitch jr., Vorwort zu ›American Building: The Forces That Shape It‹, 1948

›Eine ebenso große Bedrohung ist das ungeheure Wachstum der Städte, das auf uns zukommt. Innerhalb von fünfzehn Jahren wird die Bevölkerungszahl auf 235 000 000 und um das Jahr 2000 auf 300 000 000 Menschen steigen. Diese Zunahme wird hauptsächlich die Vorstadtgebiete und deren Umgebung betreffen. Wir müssen jetzt damit beginnen, den Grundstein für wohnliche, gut funktionierende und anziehende Gemeinden der Zukunft zu legen.
Die städtebauliche Erschließung hat pro Jahr ungefähr 1 000 000 Morgen von den an die Stadtzentren anschließenden Ländereien verschlungen – eine erstaunliche Rate! Jedoch die Ergebnisse waren eine planlose Ausdehnung der Vorstädte und andauernde Rückschläge in dem verzweifelten Kampf gegen die Erstickung und den Verfall der Stadtkerne. Die Flucht von Familien mit mittleren und höheren Einkommen in die Vorstädte, der damit verbundene Einkommensverlust für den Einzelhandel und die Bevorzugung der Randlagen von zahlreichen Industriefirmen zerstörte die soziale und ökonomische Grundlage des Stadtzentrums.
Unsere Bau- und Siedlungspolitik muß sich von drei grundlegenden nationalen Zielen leiten lassen:
Erstens: unsere Städte zu sanieren und den sich schnell ausdehnenden Großstadtgebieten ein gesundes Wachstum zu sichern.
Zweitens: menschenwürdige Wohnungen für alle zu schaffen.
Drittens: eine blühende und leistungsfähige Bauindustrie zu fördern, die einen wesentlichen Teil einer allgemeinen wirtschaftlichen Prosperität und eines allgemeinen wirtschaftlichen Wachstums darstellt.‹
Präsident Kennedy, ›Spezial Message to Congress on Housing and Community Development‹, 10. März 1961

Teil I
Die Massenkultur

1 Der Zerfall der menschlichen Umwelt

Das Dilemma der Quantität
Prinzipien der Organisation
Die Folgen der Verstädterung
Rapides Veralten
Die neuen Eindringlinge
Die Suche nach dem Privatbereich

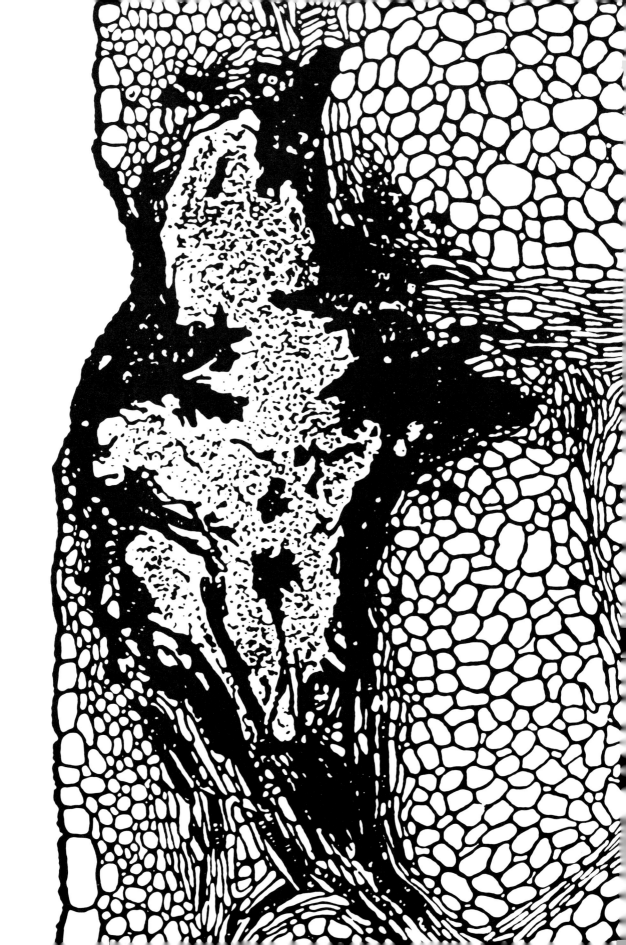

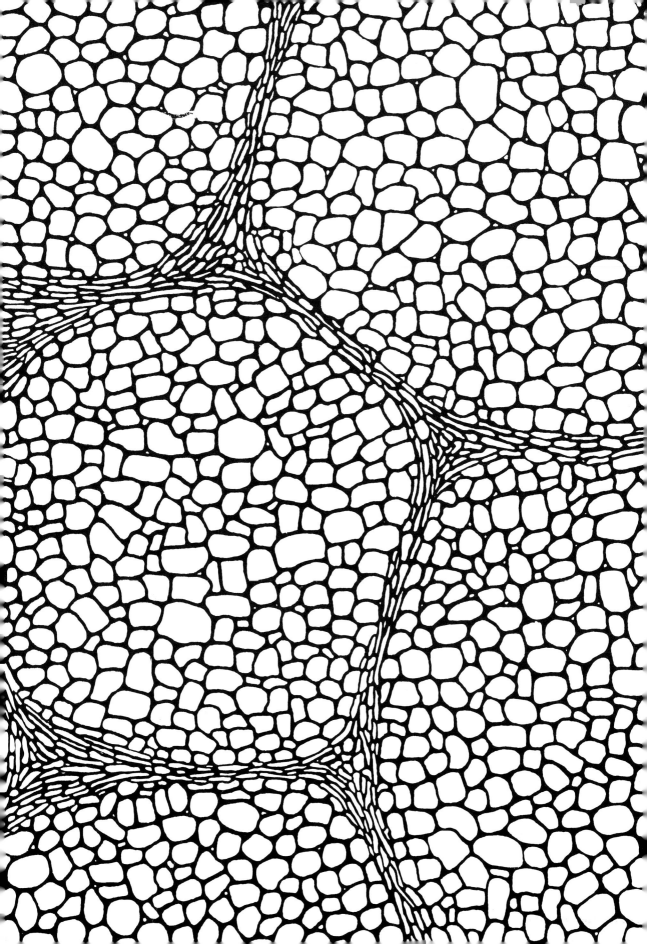

Die Weltbevölkerung und ihre Produktionskapazität haben Dimensionen erreicht, die die Vorstellungskraft des einzelnen übersteigen. Milliarden von Menschen benötigen Wohnungen; sie bewegen sich mit immer größeren Geschwindigkeiten; der Verkehr überwindet riesige Entfernungen in immer kürzerer Zeit; die Verstädterung der Landschaft wächst. Die plötzliche Ausdehnung hat zu Ziellosigkeit, Verwirrung, Schrecken und Anarchie geführt. Umhergetrieben in diesem phantastischen Kräftespiel seines eigenen Tuns, hat der Mensch den Überblick verloren; und er verstrickt sich immer tiefer in Schwierigkeiten, weil er sich nicht auf die einfachen Anfänge besinnt, in denen er Anhaltspunkte für einen inneren Zusammenhang finden könnte. Der Mensch hat noch immer keine Strategie für die Organisation riesiger Mengen entwickelt, obwohl er über vollkommene Techniken ihrer Berechnung verfügt.

Der Flitter und das lähmende Labyrinth der Massenkultur – Henry Millers ›air-conditioned nightmare‹ (Alptraum mit Klimaanlage)[1] – wachsen ebenso schnell wie die menschliche Bevölkerung und die technische Entwicklung. Und dieses Wachstum wird nicht nur anhalten, sondern es wird sich nach Ansicht von Wirtschaftsexperten und Wissenschaftern noch beschleunigen. Ein noch größeres Chaos ist also zu erwarten.

Philosophen und Wissenschaftern sind diese Probleme keineswegs neu; aber neuerdings breitet sich das Unbehagen ebenso wie der Alptraum selbst aus, und von vielen unerwarteten Seiten wird deutliche Unzufriedenheit laut.

Künstler, Zeitungs-, Radio- und Fernsehreporter, Unterhaltungskünstler, Geschäftsleute und sogar Hausfrauen äußern ihre Sorge über das öffentliche Wohl, statt sich ausschließlich um die Förderung ihres privaten Vorteils oder Komforts zu kümmern. Fragen der Raumplanung sind zu politischen Streitfragen geworden, die ebenso heftig diskutiert werden wie das Privateigentum. (Aus Empörung über die gegenwärtige Lage haben sich sogar einige Designer, nicht so gefügig wie der Durchschnitt, dem zornigen Chor der Kritiker und Unzufriedenen angeschlossen.)

Dieses Buch untersucht Probleme der Gestaltung des menschlichen Wohngebietes und der physischen Umwelt des Menschen – in der Überzeugung, daß, wenn in diesem letzten Augenblick die Probleme der physischen Umwelt erkannt werden, die Aufgabe des Gestaltens in offener Weise vorangetrieben und ein weiterer Zerfall der menschlichen Umwelt verhütet werden könnte.

Es muß eine neue physische Ordnung der Stadt geschaffen werden, um dem Leben des ›städtischen‹ Menschen Ausdruck und Sinn zu verleihen, um menschliche Ziele und gesellschaftliche

---

[1] Henry Millers Reisebericht ›The air-conditioned nightmare‹ (1945), nicht ins Deutsche übersetzt (Anm. d. Übers.).

Strukturen zu verdeutlichen, zu umreißen, ihnen Integrität zu verleihen und schließlich ihnen Form zu geben.

Moderne Städte und andere vom Menschen geschaffene Elemente der physischen Umgebung werden immer formloser, weil ein Leitprinzip fehlt. Aber solch ein Prinzip wird sich nicht finden lassen, und wir werden nicht aktiv werden, ehe sich die Erkenntnis neuer Realitäten auch im Gestaltungsprozeß durchgesetzt hat.

Während wir keine zufriedenstellende neue Umwelt zu schaffen vermögen, geht uns das beste der alten verloren. Alte, mächtige Symbole und Bilder – einzigartige und unersetzliche Plätze, Gebäude, Denkmäler und ganze historische Städte, das eindrucksvollste Zeugnis menschlichen Gemeinschaftslebens – werden vernachlässigt oder völlig zerstört. Der moderne Mensch scheint unfähig, entsprechende moderne Bauten zu errichten. Der heutige motorisierte Verkehr verdrängt Menschen und Monumente – wie etwa die großen Stadtbrunnen der Vergangenheit – von den historischen Marktplätzen der Städte. Die Statue des Eros, einst, die Freude der Spaziergänger am Piccadilly Circus, ist unerreichbar geworden und kann eigentlich nur noch auf Ansichtskarten betrachtet werden. Fast in jeder Stadt ist die Freude, am Stadtleben in gemächlichem Schlendern teilzunehmen, im Tumult der Autos untergegangen. Vielleicht kommt tatsächlich einmal die Zeit, wenn Verkehr und Transportwesen völlig unkontrolliert die städtische Umwelt derart überwuchern, daß das pulsende städtische Leben, so wie es früher war, ganz verschwinden wird. Es ist sogar möglich, daß die ungenutzte Freizeit und die ziellose Mobilität so anwachsen werden, daß die stadtbezogenen Künste (außer in den Museen) verschwinden werden. Verständnis für natürliche Vorgänge und Schönheitsempfindungen, die den Menschen, arm wie reich, aus ihrer physischen Umgebung erwachsen könnten, vermögen unter chaotischen Bedingungen nicht zu gedeihen.

Die visuellen Künste der westlichen Welt, die uns diesen Zielen näher bringen könnten, sind von neuem in den Brennpunkt des Interesses gerückt, und man ist dabei, sie wieder als höchste Leistung des Menschen zu rehabilitieren. Aber wie kunstverständig der kultivierte Mensch Gemälde und Skulpturen in maßvollen Dimensionen auch betrachtet, der Anblick der großen Dimensionen von Stadt- und Naturlandschaften läßt ihn in Verwirrung geraten. Da der größere Maßstab ihn zu überwältigen scheint, zu komplex ist, als daß er ihn begreifen könnte, reagiert der Mensch unberechenbar, er ignoriert das Problem einfach oder leugnet sogar, daß Stadt- und Landräume in funktionsgerechte Umwelten für das Leben, das sie beherbergen, verwandelt werden könnten.

Es ist jedoch nicht unmöglich, diesen Trend umzukehren und der Raumplanung eine konstruktive Rolle zuzuordnen. Der Mensch ist sehr wohl einem großen Maßstab gewachsen, er ist fähig, komplexe Probleme zu lösen und seine Umwelt so zu gestalten, daß sie der Menschheit zu ihrem Besten dient. Um solches zu vollbringen, muß man aber erst einmal die wichtigsten Voraussetzungen der gegenwärtigen Stadtkultur und ihre Auswirkungen erkennen.

Man muß erkennen, daß die verschiedenartigen Elemente des Wohngebietes des zivilisierten Menschen – Großstädte, Städte, Siedlungskomplexe, Wohngruppen, Straßen, Verkehrsadern, Parks, Plätze, Apartments, Wohnungen, Herbergen, wie immer man sie nennen mag – inzwischen veraltet sind. Wir sind der Ansicht, daß jeder weitere Versuch, in der konventionellen Weise zu entwerfen, ohne das Problem von Grund auf neu zu untersuchen und ohne sich auf ein vertretbares Grundprinzip zu berufen, kaum mehr bedeuten kann als eine Erweiterung des Architektur-Modegeschäfts um eine neue Kollektion von Formen.

Eine neugestaltete Umwelt und ein neuer Sinn für die Stadtkultur werden nicht von selbst entstehen, denn sie sind nicht das notwendige Ergebnis oder Nebenprodukt technologischen und wirtschaftlichen Überflusses. Seit Henry Ford die ersten billigen Serienwagen durch die Städte rollen ließ, und besonders seit dem Zweiten Weltkrieg, grassiert der Auflösungsprozeß der vorindustriellen Epoche selbst in den hintersten Teilen der Welt. Die Vorzüge des mechanisierten Transportwesens und der elektronischen Nachrichtentechnik könnten den Entwicklungsländern zu einem wirklichen Aufschwung verhelfen, und doch sind überall nur die allzu vertrauten Symbole amerikanischen Erfolges zu sehen und zu hören: Lautsprecher, Autos, Apparate und Maschinenlärm. Die neue Mobilität, eine durch das Auto ermöglichte Unabhängigkeit, das unersättliche Bedürfnis nach Rundfunk und Fernsehen und die Sucht nach zahllosen arbeitsparenden Geräten haben das zivilisierte Leben tiefgreifender verändert, als man bisher vermutete.

Zunächst wurden die Produkte der modernen Technik nur als Annehmlichkeit betrachtet, die die größeren Strukturen der Stadt oder des Hauses ohne Störung absorbieren konnte; aber es blieben weit tiefere Wunden der Umwelt zurück, die die meisten von uns nicht beachten wollen oder nicht zu beachten wagen. Es war die Technik, die gerade den Teil des schönen Lebens zerstört hat, der uns heute so schmerzlich fehlt. Die mechanischen Annehmlichkeiten und Wunder, denen die zivilisierten Häuser offenstanden, beeinträchtigen in einer Art das menschliche Leben, wie in ›The Man Who Came to Dinner‹.[1]

Vor allem andern ist ein wertvolles Erbe der Vergangenheit in Gefahr, vernichtet zu werden: der Privatbereich, die wunderbare Verbindung von Zuflucht, Selbständigkeit, Einsamkeit, Ruhe, Nachdenken und Konzentration.

---

[1] ›Der Mann, der zum Essen kam‹, populäre Komödie von George S. Kaufman (Anm. des Übers.).

Es ist die These dieses Buches, daß Gesundheit und Vernunft nur dann in die Welt der Massenkultur zurückkehren können, wenn die Möglichkeit unmittelbarer Erfahrung, die nur das Private zu geben vermag, wieder neu geschaffen wird.

Zurückgezogenheit, Privatsphäre ist dort notwendig und lebenswichtig, wo Menschen zusammenleben, sei es im Einfamilienhaus, im Etagenhaus oder in irgendeiner anderen Art von Wohnung. In die kleine Umwelt der Wohnung dringen heute die Spannungen und Belastungen der großen Welt in verschiedener Weise immer tiefer ein. Um die Privatsphäre unversehrt wiederherzustellen, müssen ganz besonders zwei Belastungen bekämpft werden: Verkehr und Lärm. Wir werden eine Stadtwohnung beschreiben, in der diese Eindringlinge – mögen sie nun von draußen oder drinnen kommen – das Privatleben nicht stören können.

Eine weitere These ist, daß diese Art des Wohnens, daß die Entfaltung sowohl des Privatlebens wie auch der wahren Vorzüge des Lebens in der Gemeinschaft eine vollkommen neue Anatomie des Städtebaus erforderlich macht, die sich aus Hierarchien klar getrennter Sphären zusammensetzt. Eine solche Stadtgliederung muß alle Stufen vom abgeschlossenen Privatleben bis zum intensiven Gemeinschaftsleben berücksichtigen. Um die Bereiche zu trennen und doch wechselseitige Beeinflussung zu ermöglichen, müssen völlig neue physische Elemente zwischengeschaltet werden. Aus der Hierarchie der Bereiche könnte eine neue städtische Ordnung entstehen, denn die neuen Elemente der Trennung haben die Möglichkeit, lebenskräftige, autonome Einheiten zu werden.

Nur wenn das Wohngebiet des städtischen Menschen auf solche Weise gegliedert wird, können wir dem urbanen Leben vielleicht ein fruchtbares Gleichgewicht zwischen Gemeinschaft und Privatbereich wiedergeben.

2 Der Rückzug der Natur

Das Eindringen in die Wildnis
Die Auflösung des Kontrastes
Die Ausdehnung der Kontrolle
Eine neue Ökologie
Das Kapselsyndrom

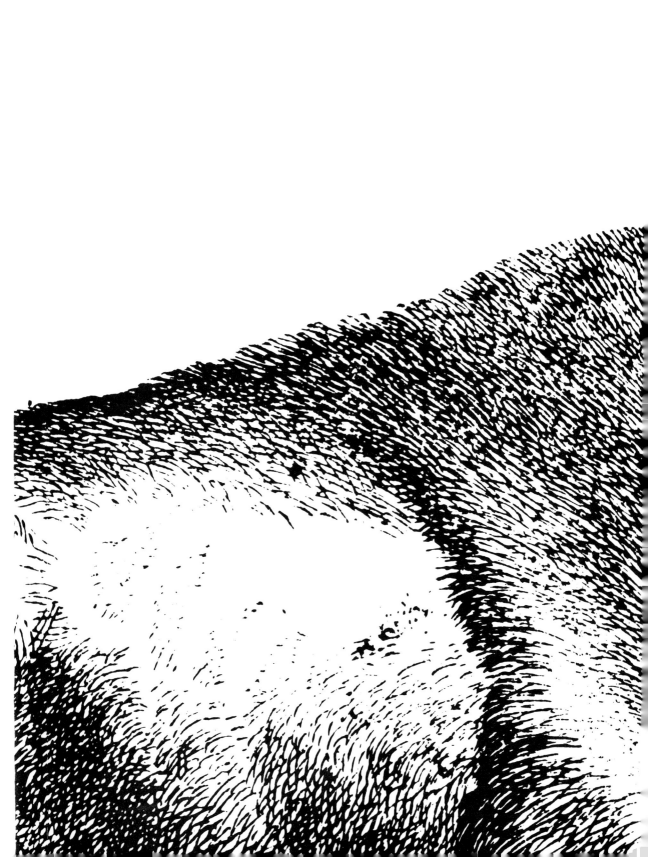

›Es war sehr bedauerlich, daß das ‚Committee on Interior and Insular Affairs' gestern einen veränderten Entwurf des Gesetzes über die Wildnis vorgelegt hat, der den Zweck der Gesetzgebung entstellt. Es ist ein Schlag ins Gesicht für alle die ausgezeichneten Schutzorganisationen und für zahllose Bürger, die lange und ausdauernd für die Erhaltung der verfallenden Reste urwüchsiger landschaftlicher Pracht gearbeitet haben.
.. die Gesetzesvorlage über die Wildnis ist der wichtigste Teil der Schutzgesetzgebung vor dem jetzigen Kongreß.‹
›New York Times‹, 31. August 1962

›Wenn man sich ein wenig bemüht, kann man heute im Staate New York noch von einem Bären gefressen werden.. Die Wildnis weicht jedes Jahr um viereinhalb Kilometer zurück.‹
Aldous Huxley, ›Tomorrow and Tomorrow and Tomorrow‹, 1956

›Je mehr ich das Leben kennenlerne, desto deutlicher sehe ich, daß man sich nur in stiller Verbundenheit mit der Natur einen Begriff von ihrem Reichtum und Sinn machen kann. Ich weiß, daß mein Selbst sich in der Kontemplation erfüllt, aber ich lebe in einer Zeit, in der mir genau vorgeschrieben wird, wie man das Leben lebenswert gestalten soll. Bin ich eine Ausnahme, ein von der Herde Ausgestoßener? Es gibt ja auch Einzel-Bienen, und man behauptet nicht, sie wären biologisch minderwertig.‹
Cyril Connolly, ›The Unquiet Grave‹, 1945

›In den ‚National Institutes of Health' in Bethesda ließ John C. Calhoun einen Wurf Ratten in einem großen Verschlag aufwachsen, in dem jede Ratte einen eigenen Nahrungsbehälter hatte. Von Anfang an drängten sie sich beim Fressen wie ein Wurf Ferkel an einen einzigen Behälter. Später verbrachten die Ratten und ihre Nachkommen die meiste Zeit in einem Verschlag, obwohl sie die Möglichkeit hatten, in vier miteinander verbundenen Käfigen umherzulaufen, zu fressen und Nester zu bauen; und während ich dies schreibe, sind sie noch immer da und zahlen für ihre Geselligkeit mit geringerer Fruchtbarkeit und einem verkürzten Leben. Mein Freund Calhoun prägte einen Ausdruck, der es verdient, seine Ratten zu überleben, und noch immer grübelt er über das pathologische Zusammengehörigkeitsgefühl' nach.‹
Edward S. Deevey, ›The Hare and the Haruspex: A Cautionary Tale‹, in: ›Yale Review‹, Dezember 1959

›Obwohl wir munter von der Umwelt eines Organismus oder einer Population sprechen, wissen wir sehr gut, daß es so etwas nicht gibt. Eine Gruppe von Individuen lebt in einer ganzen Reihe von Umwelten – engeren oder weiträumigeren –, und die Anpassungsfähigkeit bezieht sich ebenso auf Umwelten, die sich von Ort zu

Ort ändern, wie auf Umwelten, die sich von Zeit zu Zeit ändern.‹
Peter Brian Medawar, Reith Lectures, 1959 und ›The Future of Man‹, 1960

Ältere Leute, die das Dahinschwinden der traditionellen urbanen Lebensweise bedauern, beobachten mit derselben Sorge das Vordringen des Automobils und Hubschraubers in die Landschaft und die Wildnis und das Verschwinden von zahlreichen Pflanzen und Tieren, die sie liebten. Sie mußten mitansehen, wie die innige Verbundenheit mit der Natur, die ihnen – wie die Künste – einst unvergleichliche Freude bereitet hatte, verlorenging.
In nicht allzu ferner Zukunft wird der Mensch bis in jeden Winkel der Erde vorgedrungen sein. Dann, wenn die Wildnis verschwunden ist, wird nicht einmal mehr die zeitweilige Flucht aus der Stadt möglich sein. Der Mensch befindet sich in doppelter Gefahr: Er setzt die wenigen übriggebliebenen anspruchsvollen Freuden an der historischen Stadt und zu gleicher Zeit den Trost einer direkten Berührung mit der unverdorbenen Natur aufs Spiel; denn unter den Füßen der Massen und dem ständigen Rollen der Räder verkümmert die natürliche Schönheit der Wildnis ebenso schnell wie die vom Menschen geschaffene Schönheit der alten Städte.
Keine Umwelt, sei sie natürlich oder von Menschenhand, kann Massen von Menschen und dem Lärm der Maschinen – Belastungen, für die sie nicht geschaffen war – standhalten. Selbst beispielhafte Versuche, Natur und Vergangenheit zu schützen, werden durch Menschenmassen und Fahrzeuge zunichte gemacht. Die vertrauten funkelnden Autos im großen Wildreservat des Krüger-National-Parks in Südafrika exemplifizieren die Tragödie der Touristenbusse auf den Piazzen der Toskana oder der Coca-Cola-Barkassen auf dem Canale Grande von Venedig nur noch eindringlicher.
Damit die Flucht in die Wildnis befriedigt, ist das Gefühl völliger Isolation notwendig. Aber selbst wenn man die größten Anstrengungen unternimmt und sich an möglichst weit entfernte, unzugängliche Stellen dieser Welt zurückzieht, entdeckt man immer häufiger plötzlich das Kanu anderer Menschen, ihre Hubschrauber oder Zelte, das Geräusch ihrer Stimmen, das Knallen ihrer Gewehre oder den Lärm Außenbordmotoren.
Es ist nicht nur schwierig, das Naturerlebnis in reinster Form, nämlich das Erlebnis der Wildnis zu finden; es wird auch immer schwieriger für jeden, der nicht zur reichen Minorität gehört, die Natur der näheren Umgebung durch einen kurzen Streifzug oder einen ›Tag auf dem Land‹ zu erleben. Wenn der Stadtbewohner die Barriere der Vorstadt hinter sich gelassen hat, stößt er auf die des Privateigentums. Sie zwingt ihn entweder zum unbefugten Betreten oder dazu, sich den anderen Ausflüglern und Wan-

derern auf den begrenzten und ausgetretenen öffentlichen Wegen zuzugesellen.

Für die wenigen besser gestellten Leute ist seit langer Zeit das ›Status‹-Haus auf dem Land, auf einem großen, schützenden Grundstück die Lösung; aber solche Landflächen stehen nicht mehr zur Verfügung. Ein neuer Ersatz, die Aussicht auf Mobilität, könnte jedoch zum Vorrecht einer weit größeren Anzahl von Menschen werden – und noch größere Probleme des Naturschutzes aufwerfen. Transportable Energiequellen, Möglichkeiten der Wassererneuerung, Klimakontrolle und die drahtlose Kommunikation werden die menschliche Wohnung so unabhängig machen, daß sie überall errichtet werden kann. Wenn sich die Formen der Selbständigkeit bewähren, wird vielleicht auch das feststehende Haus irgendeiner Form der selbständigen beweglichen Wohngelegenheit Platz machen. (Die heutige Popularität des Wohnwagens läßt vermuten, daß dessen Vorteile höchst ansprechend sind.) Ganze Scharen beweglicher Heime werden dann den wechselnden Jahreszeiten folgen (wirklichen oder künstlich herbeigeführten) und Verkehrsstauungen und Müllabfall auch in die Wüste und den Dschungel bringen.

Dieses düstere Bild ist teilweise bereits Wirklichkeit. Die Spuren des menschlichen Vordringens sind überall zu finden. Die Berührung mit der Natur ist nicht nur schwieriger geworden, weil der Mensch immer mehr Platz beansprucht, sondern auch weil er die Natur immer weitgehender beherrscht und verwandelt. Flußläufe werden verändert, ihr Wasser wird zu Seen gestaut; Berge werden bewegt und untertunnelt, Land wird aus dem Meer gewonnen; Regen und Schnee und sogar ganze Klimata können vom Menschen beeinflußt werden. Das rein Natürliche nimmt ab, das vom Menschen Geschaffene nimmt zu. Keiner kann das eine vom anderen trennen, und bald wird es nirgendwo mehr einen eindeutigen Unterschied geben.

Mit Hilfe des gewaltigen Potentials der Technik hat der Mensch die Chance, vorwiegend destruktive Strukturen der Vergangenheit umzuwandeln. Aber Länder, die ›gestern‹ noch zivilisiert waren, haben ihre Wälder verloren und fruchtbares Land in staubige, öde Wüsten verwandelt. Kaum hatten sie mühsam gelernt, die Ökologie der Pflanzen durch die Forstwirtschaft zu beherrschen, als sie sich in ein neues Programm der Einmischung stürzten. Heute geht es bei den biochemischen Experimenten um eine weit größere Vielfalt von Lebensformen. Die kumulative Wirkung solcher Einmischung in die Umwelt verändert nicht nur die ökologische Struktur, sondern sie zerstört sie. Es scheint sogar möglich, daß der Mensch in gerade dem Augenblick das vermeintlich unendliche Meer mit seinen Abfällen vollständig verunreinigt haben wird, in dem er lernt, dessen ungeheure Schätze nutzbar zu machen.

Innerhalb weniger Jahre wird der Eingriff des Menschen ein solches Ausmaß angenommen haben, daß davon die ganze menschliche Gattung betroffen sein wird; und wenn der Mensch überleben will, wird er der unentrinnbaren Notwendigkeit gegenüberstehen, selbst eine allumfassende Ökologie zu entwerfen, vielleicht sogar der Notwendigkeit, sich selbst zu verändern. Das beschleunigte Bevölkerungswachstum, der Eingriff in und die Herrschaft über die Natur werden die Flucht des Menschen vor dem Menschen völlig unmöglich machen und ihn zwingen, die Verantwortung für alles Geschehen auf der Erde zu übernehmen. Er wird seine eigene Ökologie entwerfen und aufbauen und sich an eine von ihm selbst geschaffene Umwelt anpassen müssen.

Bevor der Mensch nicht die subtileren und die verheerenden Aspekte seiner selbstgefälligen Unterwerfung unter die Gegebenheiten der ›menschlichen Natur‹ erkennt, ist er nicht in der Lage, seiner Verantwortung für die Gestaltung zu entsprechen. Als erstes muß er die Verantwortung für die physische Umwelt übernehmen, die den Rahmen für seine Ökologie bilden wird.

Entweder muß er lernen, das bestehende Gleichgewicht des Lebens zu bewahren, oder er muß ein neues Gleichgewicht schaffen. Wenn er beides unterläßt, kann die gegenwärtige planlose Entwicklung die menschliche Natur unheilbar deformieren, selbst wenn es dieser gelingt, gewaltsamere Massenvernichtungen zu überleben. Dies ist zwar nicht so dramatisch, aber ebenso bedrohlich wie die Gefahr der plötzlichen Vernichtung.

Angesichts einer globalen Urbanisierung hat der Mensch die Verantwortung, die städtischen Formen in ein vollkommen funktionierendes Umweltsystem einzugliedern, welches das erforderliche Gleichgewicht besitzt. Auch in der Vergangenheit war der Mensch für die Entwicklung ganzer Städte zu geschlossenen Umwelten verantwortlich, aber er war sich dieser Tatsache nur dunkel bewußt, weil er sich hauptsächlich mit Gebäuden, Straßen, Plätzen, Statuen – den konkreten Aspekten einer Stadt – beschäftigte. Die ausgewogene Umwelt wurde durch die unmittelbare Verbundenheit mit der umliegenden unberührten Natur hergestellt. Heute beginnt man zu erkennen, daß die totale Umwelt, als Gestalt, Probleme von völlig neuartiger Komplexität aufwirft.

Die erwachende Einsicht in die Notwendigkeit, vollkommen funktionierende, in sich selbst geschlossene Umwelten zu entwerfen, in der sich menschliches Leben langfristig erhalten kann, ist vielleicht am besten in der Entwicklung von Militär- und Weltraum-Programmen zu erkennen.

Atom-U-Boot und Raumfahrtkapsel wurden entworfen, um während längerer Perioden Leben in sich zu bergen, ohne die Möglichkeit des Entrinnens. Schon jetzt ist deutlich, daß mit der Gestaltung solcher totalen Umwelten ganz besondere Probleme verbunden sind. Die Designer der Raumkapseln haben die Beobachtung gemacht, daß die technischen Probleme der Versorgung mit Nahrungsmitteln, mit Luft und anderen physisch notwendigen Dingen unbedeutend gegenüber dem Problem sind, die Kapsel für die Insassen menschenwürdig zu gestalten. Die größte Schwierigkeit scheint in der Belastung durch die räumliche Beschränkung zu liegen. Die ausschließlich von Menschenhand geschaffene Umwelt der Kapsel und die Unmöglichkeit, zu entkommen, scheinen eine unerträgliche nervliche Belastung zu erzeugen.

Bis jetzt können die Menschen noch den von Menschen gebauten Städten entfliehen. Aber wenn der Mensch die Verantwortung für die ganze Erde und jedes ihrer Teile übernimmt, könnte sich vielleicht ein Syndrom entwickeln, vergleichbar dem des Lebens in der Kapsel. Eine Stadtform, die allen Bedürfnissen unserer Zeit in angemessener Weise entspricht, könnte ein ausgewogenes Leben ohne Zwang zur gelegentlichen Flucht in sich beherbergen. Sie wäre der vollkommen funktionierende Rahmen für ein ökologisches Gleichgewicht. Nur ein gut durchdachter Entwurf kann weitere Verstümmelung verhindern helfen. Mit der Lösung des Gestaltungsproblems wäre auch das Kapselsyndrom beseitigt.

3 Der Zerfall der Stadt

Zweck, Ordnung, Plan
Harmonische Ordnung
Widerstreitende Kräfte
Das sterbende Zentrum
Der grobe Umriß
Städtischer Abfall

›Die Wahl zwischen Extremen ist eingeschränkt, wenn die Stadt eine unangemessene Form hat. Jeder Mangel an Differenzierung in ihrer physischen Anlage bedeutet eine Negation der Wahl und damit eine Negation wahrer Urbanität. Eine unmenschliche Anonymität von Partikeln in einer formlosen Masse ist die Folge, während die echte urbane Anonymität mit der vollen Pracht des Ganzen vergleichbar ist, das nichts von seinem ihm eigenen Glanz einbüßt.‹
Edouard Sekler, in: ›Daedalus‹, 1960

›Denn dies ist der erste Eindruck der blauen Moscheen des Iran. Ich werde niemals den Augenblick vergessen, in dem ich jene blaue Kuppel wieder erblickte, sie aus den Augen verlor und sie von neuem nahe genug sah, um auf ihr den porzellanhaften Lichtschimmer wahrzunehmen. Und während man den Atem anhält, wird die goldene Kuppel wieder sichtbar. Eine ausgedehnte Straße oder ein Boulevard ist in einem weiten Rund um die beiden Gebäude, um das Heiligtum Imam Rezas und die Moschee Gauhad Shads, angelegt worden. Das Heiligtum ist von einer goldenen, helmförmigen Kuppel überwölbt, mit zwei vergoldeten Minaretten. Die Kuppel der Moschee ist blau – aber was für ein Blauton ist das! Sie ändert nämlich ihre Farbe. Sie wechselt mit der Stunde. Man könnte – und tut es auch – stundenlang auf jenem Boulevard herumgehen.‹
Sacheverell Sitwell, ›Arabesque and Honeycomb‹, 1957

Oakland: ›Kommst du dort an, gibt es kein dort, dort . . .‹
Gertrude Stein. Berichtet von einem Fremdenführer.

Einige Menschen entsinnen sich noch aus eigener Erfahrung des urbanen Lebens, wie es sich in den deutlich umrissenen, individuellen Städten der Vergangenheit abspielte. Sie erinnern sich, daß diese Städte charakteristische Formen und Eigenschaften besaßen und unvergeßliche Eindrücke oder auch positive (das heißt: nicht apathische) Ablehnung hervorzurufen vermochten. Der urbane Mensch unternahm Streifzüge in die umliegende Natur, und der Kontrast beider Welten bereicherte seine Erfahrung. Mit neuem Eifer konnte er sich dann der von ihm geschaffenen Umwelt zuwenden, die ihm Nahrung und Freude spendete.
Die meisten Menschen erfreuen sich heute an einer alten Stadt, die sichtbare physische Zeugnisse ihres individuellen Ursprungs, Wachstums und Zwecks besitzt. Sie ist der einzigartige und persönliche Ausdruck der Aktivität und des Lebens in ihr. Eine städtische Umwelt dieser Art hinterläßt einen tiefen Eindruck; die Einwohner reagieren unbewußt auf visuelle Erfahrungen mit

einem Gefühl der Zugehörigkeit, Identifikation und Zuneigung. Die Schönheit einer solchen Stadt wird von allen gemeinsam empfunden; sie fördert Gefühle der Loyalität und stolzer Zugehörigkeit. Die sichtbaren Züge der Urbanität wirken so stark, daß selbst ein Fremder, ein Besucher, sich ihrem Einfluß nicht entziehen kann.

Solche Städte besitzen physische Klarheit, weil ihre Formen unmittelbar relativ einfachen und überschaubaren Anforderungen entspringen. Kulturelle Kontinuität und langsame Veränderung der Technik ließen eine Planung und Bauweise entstehen, die sich in der Praxis erprobte, an diese anpaßte und sich verfeinerte. Ein Zwang brauchte nur gefühlt zu werden, um seine Umsetzung in eine entsprechende Form zu finden. Jeder Aspekt, der sich als unzulänglich erwies, wurde mit der Zeit eliminiert. Die wechselseitige Beziehung zwischen Einwohnern, sozialem Zweck und Bauweise gab jeder Stadt Identität.

Ein Beispiel für die unmittelbare Übersetzung eines Zwanges in eine Form bietet eine Verteidigungsstadt wie Naarden: Das umgebende Bollwerk war Ausdruck der Notwendigkeit, die Stadt gegen das Kreuzfeuer der neuerfundenen Kanonen zu verteidigen.

Die römische Form des Lagers, wie z. B. in Aosta, entwickelte sich aus der Notwendigkeit, erobertes Gebiet mit römischen Truppen besetzt zu halten. Die Form – ein Kreuz, in dem jeder Quadrant in sich durch ein weiteres Kreuz unterteilt ist – vereinfachte die Verwaltung und Kontrolle der Stadt außerordentlich und machte eine Rebellion fast unmöglich.

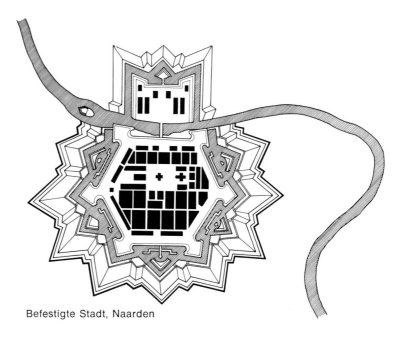

Befestigte Stadt, Naarden

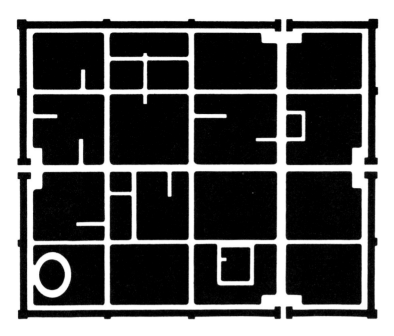

Römisches Lager, Aosta

Die Stadtform Amsterdams ist eindeutig Zugeständnis an die Erfordernisse des Handels: Seetüchtige Lastkähne mußten sich frei zwischen den Bürgerhäusern bewegen können.
Pikillacta, die Vorrats-Stadt der Inkas, entwickelte sich als Knotenpunkt einer weitverstreuten Agrargesellschaft. Die Inkas sorgten für die Sicherheit der in der Umgebung wohnenden Landbevölke-

Inka-Vorratsstadt, Pikillacta

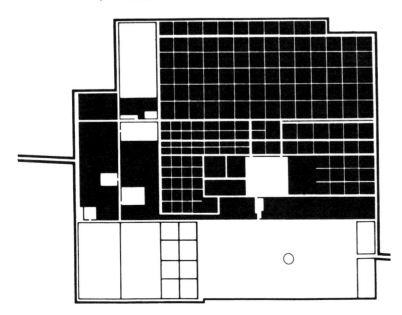

48

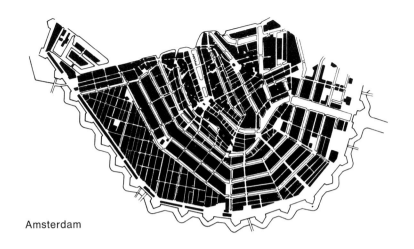

Amsterdam

Nördlingen

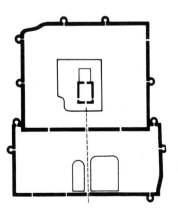

Peking

rung. Diese Form der Stadt entstand aus der Notwendigkeit, rationellen Lagerraum, Beaufsichtigung und Verteilung der Vorräte zu gewährleisten.

Die ineinandergeschachtelte Form der nördlichen Hälfte Pekings – der Mandschustadt, die um die Kaiserstadt liegt, welche wiederum die Verbotene Stadt einschließt – ist in ihrem Aufbau von der Erhabenheit des Kaisers und von Sitte und Ritual bestimmt, die verschiedene Grade der Verbindung mit der Person des Kaisers vorschreiben.

Diese Städte waren klar abgegrenzte Einheiten: innen übersichtlich gegliedert und nach außen in die natürliche Umgebung eingebettet. Die besondere Gliederung gab den Städten ihren Charakter. Der weniger begünstigte moderne Mensch kann ihre gegenwärtigen Einwohner um die erhaltenen Bauten und Anlagen und die vollendete Lage dieser Städte in der jeweiligen Landschaft nur beneiden; er kann mit ihnen die Befriedigung teilen, die das klar Durchdachte ausstrahlt. Die fächerförmige Piazza und die gewaltige Kathedrale in Siena, die Kanäle und Brücken Venedigs oder Amsterdams rufen Freuden besonderer Art wach.

Die obige Beschreibung der Leitprinzipien und Bedürfnisse, die hinter solchen Stadtplänen standen, sind natürlich bequeme Vereinfachungen. Oft entstanden auch einfache Formen aus verschiedenartigen, zusammentreffenden Bedürfnissen. Siena z. B. spiegelt sein religiöses Leben, seine bürgerliche Ordnung und sein Handelssystem ebenso wider wie die Notwendigkeit der Verteidigung. Dennoch waren es das direkte Verhältnis von Form und Zwang und der langsame Entwicklungsprozeß, die dem klaren Aufbau zugrunde liegen.

Statt zentral und direkt, wie in der Vergangenheit, beeinflussen heute Bedürfnisse die Form nur noch peripher und indirekt. Das Netz der Bedürfnisse einer modernen Industriestadt ist so weit gespannt und enthält so viele Prioritätskonflikte, daß sich im Verlauf der Einwirkung auf die Form die Beziehung zwischen Bedarf und Form verzerrt und die entstehenden Formen dem ursprünglichen Muster der Bedürfnisse widersprechen. Das Auto z. B., ursprünglich Hilfsmittel für menschliche Zwecke, hat sich zu einem beherrschenden Zwang verselbständigt. Daraus entstanden neue Formen, wie die Kette von Tankstellen und Reparaturwerkstätten an den Rändern der Verkehrsadern, die die Hauptstraßen vieler moderner Städte bilden. Sie widersprechen ihrem ursprünglich zugrundeliegenden menschlichen Zweck. Der für eine vorwiegend aus Fußgängern bestehenden Zivilisation angelegte Raum – schattige Durchgänge und ruhige Plätze im Kontrast zu prunkvollen, belebten Straßen oder eindrucksvollen, monumentalen Alleen und Plätzen – ist gegenüber dem Auto und seinen Erfordernissen von zweitrangiger Bedeutung. Den Ansprüchen des Autos muß Genüge getan werden. Aber das gilt ebenso für andere

Bedürfnisse der Menschen. Gegenwärtig spiegelt die Form der Stadt nur die eine Seite wider und schließt die andere aus.

Der Stadtkern wird als städtisches Zentrum dezentralisiert, um die Verwaltung zu vereinfachen und öffentliche Einrichtungen, wie Schulen, Krankenhäuser und Feuerwehr, zweckmäßiger zu plazieren. Auch der Großhandel zieht in die Außenbezirke. Innenstadtläden weichen Einkaufszentren, die in zugänglicher Lage außerhalb der eigentlichen Stadt, angeschlossen an ein schnelles Verkehrsnetz, die steigende Zahl der Verbraucher wirtschaftlicher und bequemer versorgen können.

Das Ergebnis ist eine städtische Umwelt, die unter der Last verwirrender und widersprüchlicher Erfordernisse wächst und von Jahr zu Jahr weniger gegliedert wird. Immer weniger und immer schwächere visuelle Bezugs- oder Anhaltspunkte helfen den Bewohnern, sich zu orientieren. Die einzige klare visuelle Gliederung der U-Bahn ist der U-Bahn-Plan. Die tatsächliche Verbindung von U-Bahn und Stadt ist völlig unklar und in keiner Weise sichtbar auf die Umwelt abgestimmt: Steigt man aus dem U-Bahn-Ausgang, so weiß man nicht, wo man sich befindet. Alle Straßenkreuzungen des leblosen Planes, alle Gebäudefundamente sehen gleich aus. Jede Durchgangsstraßenausfahrt, jede Kleeblattkreuzung ist standardisiert. Die einzigen Führer sind Schilder, und sie reichen für eine unmittelbare Orientierung nicht aus.

Dem heutigen Stadtbild fehlt es nicht nur an Klarheit. Es ist primitiv aus groben Umrissen und Farben zusammengesetzt, eine Monotonie in Grell. Die Eleganz von Linien, Tönung und Textur, die die Hand des Künstlers verraten, fehlt. Der Schmelztiegel der Stadt zeigt nur Gigantomanie, aggressive, aufwärts strebende Wolkenkratzer und blitzendes Neonlicht. Der Wolkenkratzer – aus Platzmangel und dank der Erfindung des Fahrstuhls entstanden – wird allzuoft dort gebaut, wo das Land noch nicht knapp ist oder wo der vertikale Aufbau keine Verbesserung bedeutet. Die Neonlichter verlieren in einem Meer von Zeichen, identisch in Aussehen und Intensität, ihre Signifikanz, und wie die Verkehrsampeln verschwinden sie aus unserem visuellen Bewußtsein. Der Mensch hat ein Paradox der Schutzfärbung entwickelt. Die Dinge, die er am deutlichsten abheben möchte, werden unsichtbar, weil es ihrer so viele gibt. Massenprodukte dominieren. Die Würze des Besonderen und Einzigartigen geht in dem vereinheitlichenden Medium der modernen Stadt unter, und man kann sie weder wahrnehmen noch genießen.

Als der innere Aufbau unserer formlosen, wachsenden Städte zerfiel, verlor unsere Stadtlandschaft auch jede spezifische Beziehung zur umliegenden Landschaft und der weiteren Umwelt, deren organischer Bestandteil sie sein sollte. Meeresküsten, Flüsse, Täler, die einst unsere Städte ernährten und ihnen ihre Existenzgrundlage gaben, oder die Berge, die sie gegen Feinde und Fluten schützten, werden von Jahr zu Jahr bedeutungsloser. Die Stadtränder lösen sich immer weiter auf und verlieren an Klarheit. In wachsendem Ausmaße wird die einstige Landschaft zur städtischen Abfallgrube. Die Stadt mit ihrer Peripherie und den Vorstadtbezirken als ›metropolitanen Bereich‹ zu bezeichnen, ändert nichts, denn es gibt ihr längst noch keine sinnlich faßbare, befriedigende Ordnung.

4 Das Fiasko der Vorstadt

Das Beste beider Welten
Das Versagen als Natur
Das Pseudo-Land
Das Versagen als Stadt
Komplexität und Unsichtbarkeit
Die Karikatur des Fortschritts
Die Auflösung der Vorstädte
Städtisches Niemandsland

›Die Großartigkeit der Baukunst ist von ihrer Nützlichkeit unabtrennbar; und ihre Erhabenheit kann nur im Zusammenhang mit ihrer Zweckdienlichkeit gelobt werden.‹
Isaac Ware, ›A complete Study of Architecture‹, 1756

›Während meiner Kindheit lebte ich mit meiner Familie in einer Stadtwohnung, die noch mit offenen Gasflammen beleuchtet war. Jedes Zimmer war durch einen Kohlenofen beheizt, einschließlich des Badezimmers, in dem jeden Samstag das Badewasser angeheizt wurde; das dauerte zwei Stunden. Es gab noch keine elektrische Straßenbahn, kein Automobil, kein Flugzeug, Radio, Film, Grammophon, Röntgenstrahlen und Telefon waren unbekannt.‹
Walter Gropius, ›Scope of Total Architecture‹, New York 1955, deutsche Ausgabe ›Architektur‹, Frankfurt und Hamburg 1956

›Die Binneys gehörten zu den ersten New Yorkern, die nach Old Greenwich zogen. Die Mitglieder ihrer Familie hielten sie deshalb ‚für ein Paar Irre', wie Mrs. Binney erzählte.‹
›Mrs. Edwin Binney Dies: Led Suburdia Migration‹, in: ›New York Harold Tribune‹, 1960

›Ich ziehe wieder nach New York und kann es kaum erwarten. Die düsteren Straßenschluchten bergen für mich keine Schrecken: Ich habe das Schlachtfeld der Vorstadt kennengelernt und werde mich nie wieder anwerben lassen.‹
Mary McLaughlin, ›Good-by Suburbs‹, in: ›New York Herald Tribune‹, 1958

Die Natur schwindet dahin. Die Stadt schwindet dahin. Die beschleunigte Auflösung der idealen Natur und der idealen Stadt führte zu einem Kompromiß, dem Versuch, Elemente beider Welten zu retten. In den frühen Stadien der industriellen Revolution wurde die Landbevölkerung gleichsam magnetisch in die Stadt gezogen, welche Arbeit, Abwechslung und Vergnügen versprach. Der umgekehrte Strom enttäuschter Stadtbewohner, die der Überfüllung, der Erniedrigung und dem Elend zu entfliehen suchen und ein eigenes ›Haus auf dem Lande‹ erstreben, ist nicht versiegt, seit es entsprechende Beförderungsmittel gibt. Das Privileg weniger ist zu einem Zwang für viele geworden. Die Vorstadt, die die Nachfolge des Lagerlebens in der technologischen Kultur angetreten hat, breitet sich von den Vereinigten Staaten bis in die entferntesten Winkel der Erde aus – verbunden mit dem Mythos, in einem einzigen Projekt die Annehmlichkeiten des Stadthauses und die Freuden des Landhauses zu vereinigen. Aber beide, die Pseudo-Stadt und das Pseudo-Land, zwischen denen die Zeitkarteninhaber hin- und herpendeln in verzweifelter Suche nach Befriedigung, die keine von beiden geben kann, scheinen letzten Endes nur die Unzufriedenheit zu steigern. Die Verheißung der Vorstadt – ein Landleben in erreichbarer Nähe der Annehmlichkeiten der Stadt – hat sich als trügerisch erwiesen.

Trotzdem wird die Vorstadt-Umwelt wohl fortbestehen und sich ausdehnen; der Wunsch, auf beiden Hochzeiten zu tanzen, ist noch immer stark. Das Bestreben, für das Beste zweier Welten zu optieren – wie Ebenezer Howard, der Autor von ›Garden Cities of Tomorrow‹, es im späten 19. Jahrhundert ausdrückte – scheint in der Mitte des 20. Jahrhunderts noch immer Anklang zu finden, aber seine vortrefflichen Prinzipien werden weiterhin falsch angewendet.

Howard verfolgte mit seiner Verschmelzung von Stadt und Land ursprünglich die Absicht, den Stadtmenschen in die ideale Lage zu versetzen, in enger Naturverbundenheit leben zu können. Dieser grundsätzlichen Absicht wird kaum jemand widersprechen. In einer physischen Umgebung, die dem Menschen im vollen Sinne des Wortes ›angemessen ist, um darin zu leben‹, muß der Mensch andere Formen des Lebens sehen, berühren, riechen und hören können. Die wahren Freuden der Erde, das Wetter, den Duft der Pflanzen, den Gesang der Vögel und Insekten, kann man nur ohne Hetze und mit viel Zeit richtig erleben. Das menschliche Leben und besonders das Familienleben wird durch die sinnlich begreifbare Ordnung der Natur angeregt. Andere Arten des Lebens kann man nur im beständigen Kontakt kennenlernen und sich an ihnen erfreuen. Eine gelegentliche Flucht in die Wildnis, so anregend sie sein mag, ist kein Ersatz. Der kleine Baum, der vor dem eigenen Fenster wächst, ist wirklicher als der größte Mammutbaum in einem Nationalpark. Erst der Rhythmus der Jahreszeiten und der Wechsel von Licht und Dunkelheit macht einem die eigene Entwicklung voll bewußt. All dies ermöglicht eine ebenerdige Wohnung mit leichtem Zugang ins Freie: ein organisches Ganzes, in dem Innen und Außen zu einer einzigen, umfassenden Wohnstätte vereinigt sind.

Das Vorstadthaus scheitert nicht nur an vielen Einzelheiten seiner Gliederung, die wir später eingehend untersuchen werden; es scheitert bereits an dem Problem, das Leben im Freien zu ermöglichen. Das Pseudo-Landhaus steht unglücklich in einer zusammengeschrumpften Landschaft – weder vertraulich dicht neben dem Nachbarhaus noch in angemessener Entfernung. Es ist neugierigen Blicken und Lärm ungeschützt ausgesetzt: ein lächerlicher Anachronismus.

Der Blick aus dem Panoramafenster fällt auf das Panoramafenster des Nachbarn. Der Platz im Freien, das Stückchen Privatland, das jeder selbst instandhält, umgibt das Haus und verliert sich kümmerlich über die Bordschwelle im Rinnstein. Die leeren, unbenutzten Grasinseln dienen lediglich dem Mythos der Unabhängigkeit. Dieser ungegliederte Raum ist weder Stadt noch Land. Hinter ihrer romantischen Fassade birgt die Vorstadt weder die naturnahe Ordnung eines großen Landgutes noch die vom Menschen geschaffene Ordnung der historischen Stadt. Diese Natur, sauber zurechtgeschnitten und standardisiert, Busch für Busch, Blume für Blume, ist niemals frei von ihrer lauten, unnatürlichen, mechanischen Umgebung. Die Pracht des schönsten Rasens oder üppig blühender Blumen verblaßt vor dem Glanz des chromblitzenden Automobils. Der gepflegteste junge Baum (notgedrungen jung, weil vorher der Bulldozer an der Arbeit war) wird von den riesigen Telegraphenmasten und den Lianen der Starkstromleitungen in den Schatten gestellt.

Die Vorstadt ist nicht freie Natur, weil sie zu dicht besiedelt ist. Sie ist nicht Stadt, weil sie nicht dicht genug besiedelt, nicht ausreichend gegliedert ist. Die zahllosen verstreuten Häuser, wie Steinchen auf sauberen Reihen parzellierten Landes, bilden weder Ordnung noch eine Gemeinschaft. Der Nachbar bleibt ein Fremder, und die wirklichen Freunde sind zu oft weit entfernt, ebenso wie Schulen, Geschäfte und andere Einrichtungen. Der Mann ist gezwungen, lange Strecken hin- und herzupendeln; die zurückbleibende Hausfrau leidet unter der Qual der Langweile. Die Hausfrau, die Mutter, für die die Vorstadt gedacht war, ist ihr größtes Opfer geworden. Die Isolierung in der weit ausgedehnten Vorstadt hat zu einer steigenden Abhängigkeit von Transport- und Kommunikationsmitteln geführt, die für die Kontakte und Erlebnisse sorgen müssen, die zu Hause fehlen. Das ›Frauchen‹ findet sich entweder als unbezahlter Chauffeur hinter dem Lenkrad eines Wagens wieder oder als gefangene Zuschauerin vor dem Fernsehschirm.

Der zivilisierte Mensch lebt in einer sonderbaren, verkehrten Welt. Menschen und Orte, die früher voneinander weit entfernt waren, bilden nun einen wesentlichen Bestandteil einer ausgedehnten Gemeinschaft, deren Einfluß auf das Wohnen man bei der Gründung der ersten Vorstädte nicht voraussehen konnte. Die modernen Kommunikationssysteme vermitteln – wie fragmentarisch und flüchtig auch immer – Eindrücke von Phänomenen und Geräuschen, die niemals zuvor gesehen oder gehört wurden. Ohne sich aus seinem Sessel zu erheben, steht der Mensch mit der ganzen Welt in Verbindung. Aber der Mensch nebenan, vielleicht mit einer anderen Geschmacksrichtung, die häufig in lauten Geräuschen zu vernehmen ist, verwandelt sich vom angenehmen Nachbarn zum aufdringlichen Fremden. Diesen miteinander verketteten, umwälzenden Neuerungen schenkt die Vorstadt keine Beachtung und täuscht vor, eine Dorfgemeinschaft eng verbundener Nachbarn und Freunde zu sein. Die Männer, Frauen und Kinder der Vorstadt sind selten wirklich zusammen und niemals ganz allein.

Das Versagen der Vorstadt wird durch die Weigerung verschlimmert, sich mit der Technik auseinanderzusetzen. In einer technisch fortgeschrittenen Gesellschaft sind weder Stadt noch Wohnung in sich geschlossene Einheiten. Ihre wichtigsten und unentbehrlichsten Komponenten verbinden sie – oft kaum sichtbar – mit der weiteren Umgebung. Radiowellen sind unsichtbar. Wasser-, Abwässer- und Starkstromleitungen sind größtenteils verborgen. Landstraßen, Telegraphenstangen und überlaufende Mülleimer – obwohl immer vorhanden – sehen wir nicht mehr, weil wir gelernt haben, sie zu übersehen.

Die industrielle Gesellschaft verwendet immer weniger ihres Wohnungsbudgets für die sichtbare, räumliche Struktur, für die ›Architektur‹ im traditionellen Sinne, und immer mehr für die Mechanisierung und Elektrifizierung von Verkehr, Kommunikation, Komfort und Hygiene. Die Wohnung ist zu einer Zelle in einem komplexen Organismus geworden – und sie muß so verstanden werden, wenn sie alten oder neuen Realitäten entsprechen soll. Wenn das menschliche Wohngebiet nicht zum bösartigen Geschwür werden soll, muß es eine Form erhalten, die seine neue Funktion widerspiegelt.

Die industriellen, kommerziellen und professionellen Wohnungslieferanten, die sich der Verantwortung für den größeren Organismus entziehen und weiterhin nichts als pseudo-autonome Erzeugnisse liefern, tragen die Schuld daran, daß unser Leben aus den Fugen geraten ist. Gebilde, die ihren technischen Kontext ignorieren, können unmöglich den Ansprüchen eines schönen Lebens gerecht werden. Genau deshalb, weil bedeutende Fortschritte der Technik ignoriert worden sind, zerrinnt uns das schönere Leben zwischen den Fingern. Hochentwickelte Methoden ›auf dem neuesten Stand‹ oder neue Materialien bedeuten nicht automatisch bessere Leistungen. Kunststoffe und Maschinen haben offensichtlich ihre spezifische Qualität und ihren besonderen Verwendungszweck. Aber unsere Tendenz, Plastikbehälter in der Größe von Häusern herzustellen und sie dann mit mechanischen Vorrichtungen vollzupfropfen, empfiehlt sich kaum für den wirklichen Fortschritt im Wohnungsbau, solange der Entwurf veralteten Zwecken dient.

Wachsende Enttäuschung über die Vorstadt mit ihrer entnervenden Einförmigkeit und der Kostspieligkeit des Pendelverkehrs für die, die gezwungen sind, einen Teil ihrer Zeit in der Stadt zu verbringen, führt seit kurzem zu einer Rückkehr in die Stadt. Trotz zunehmender Dezentralisierung und der Tatsache, daß immer mehr Menschen mit immer mehr Autos im Wolkenkuckucksheim der Vorstadt wohnen, wird das meiste Geld weiterhin in der Stadt verdient und ausgegeben. Die Überflußgesellschaft steht unter dem ständigen Zwang, Neues zu kaufen; das Einkaufszentrum (und Kino) der Vorstadt sind in ihrem Angebot zu begrenzt, um die wachsenden Bedürfnisse zufriedenstellen zu können. In vielen Städten beginnen Einzelhandels- und Erholungszentren ihren Vorteil mit Hilfe anspruchsvoller Reformprogramme zur Sanierung der Stadt auszunutzen. Diese Zentren tragen zwar zur Wiederbelebung der Stadt bei, aber gleichzeitig vergrößern sie die Belastung durch den Pendelverkehr. Noch lange wird eines der beiden Autos in der ›idealen‹ Garage weiterhin nur als Privatgefährt zum zentralen Markte dienen.

Die Menschen wollen gern überall sein. Die Gründe ihres Auszugs aus der Stadt waren die Sehnsucht nach dem Landleben und die Flucht vor den Nachteilen der Sadt. Der Grund ihrer Rückkehr liegt darin, daß es das Land nicht mehr gibt und daß sie gern die Vorteile der Stadt wiedererlangen würden. Aber wenn alles überall ist, findet man, wo immer man auch hingeht, nirgendwo mehr etwas Eigenständiges.

Auf der Suche nach einer Verschmelzung des vom Menschen Geschaffenen mit der Natur, die besser ist als die Vorstadt, haben die Städteplaner nun begonnen, vorstädtisches Niemandsland durch städtisches Niemandsland zu ersetzen. Sie bauten flache und hohe Wohnblöcke, jeden mit eigener Grünfläche, um durch den Kontrast die Illusion des Landes hervorzurufen. Obwohl der Einfall zunächst großartig zu sein schien, hat sich die Wirkung solch verstreuter Grünflächen als illusorisch erwiesen. Sie sind nicht groß genug, um öffentliche Parks zu sein, und nicht klein genug, um die intime Freude eines eigenen Gartens zu vermitteln. Alles gehört jedem, und so gehört eigentlich niemandem etwas, und niemand hat Freude daran. Besitz, Verwaltung und Instandhaltung der Grünflächen sind weder spezifisch öffentlich noch spezifisch privat. Sie sind die übriggebliebenen Lücken zwischen gigantischen Kästen, wenig benutzt von Erwachsenen und Kindern, die sich gleichermaßen unbehaglich dort fühlen. Sogar die Pläne, die vorgeben, die ideale Lösung gefunden zu haben, verschwenden zur Verfügung stehendes Land, indem sie es für fragwürdige Zwecke oder, noch häufiger, für gar keinen Zweck verwenden.

Die Zeit wird bald kommen, in der die Planer, Designer, Erschließungsingenieure und andere zu der einfachen Einsicht gelangen – und danach handeln – werden, daß die Räume zwischen Gebäuden für das Leben des Stadtmenschen ebenso wichtig sind wie die Gebäude selbst.

Wenn eine sorgfältige Raumordnung die maximale Nutzung auf jeder Stufe planvoll einkalkulieren würde, könnten in der Innenstadt Allzweck- und Geschoßhäuser und ebenerdige Wohnungen für Familien mit Kindern untergebracht werden. Solche Wohnungen zu ebener Erde könnten als integrierte Teile im technischen Kontext der Stadt das Versagen der Vorstadt wettmachen.

THE THREE MAGNETS

TOWN

CLOSING OUT OF NATURE. SOCIAL OPPORTUNITY.
ISOLATION OF CROWDS. PLACES OF AMUSEMENT.
DISTANCE FROM WORK. HIGH MONEY WAGES.
HIGH RENTS & PRICES. CHANCES OF EMPLOYMENT.
EXCESSIVE HOURS. ARMY OF UNEMPLOYED.
FOGS & DROUGHTS. COSTLY DRAINAGE.
FOUL AIR, MURKY SKY. WELL-LIT STREETS.
SLUMS & GIN PALACES. PALATIAL EDIFICES.

COUNTRY

LACK OF SOCIETY. BEAUTY OF NATURE.
HANDS OUT OF WORK. LAND LYING IDLE.
TRESPASSERS BEWARE. WOOD, MEADOW, FOREST.
LONG-HOURS LOW-WAGES. FRESH AIR. LOW RENTS.
LACK OF DRAINAGE. ABUNDANCE OF WATER.
LACK OF AMUSEMENT. BRIGHT SUNSHINE.
NO PUBLIC SPIRIT. NEED FOR REFORM.
CROWDED DWELLINGS. DESERTED VILLAGES.

THE PEOPLE
WHERE WILL THEY GO?

TOWN-COUNTRY

BEAUTY OF NATURE. SOCIAL OPPORTUNITY.
FIELDS AND PARKS OF EASY ACCESS.
LOW RENTS, HIGH WAGES.
LOW RATES, PLENTY TO DO.
LOW PRICES, NO SWEATING.
FIELD FOR ENTERPRISE, FLOW OF CAPITAL.
PURE AIR AND WATER. GOOD DRAINAGE.
BRIGHT HOMES & GARDENS, NO SMOKE, NO SLUMS.
FREEDOM, CO-OPERATION.

Schematische Darstellung von Ebenezer (Howard)

5 Auf der Suche nach dem Überschaubaren

Das verlorene Gleichgewicht
Ausdehnung und Verarmung
Die Eindringlinge
Die Gliederung der Privatsphäre
Das menschliche Maß
Größe, Schnelligkeit und Lautstärke
Unbeachtete Schäden
Pathologie der Langweile

›Abwechslung ist nicht die Würze des Lebens, sie ist seine eigentliche Substanz.‹
Christopher Burney, ›Solitary Confinement‹, 1952

›Das Gefühl der Isolierung und Machtlosigkeit des modernen Menschen wird durch den Charakter, den die menschlichen Beziehungen angenommen haben, noch gesteigert. Die konkrete Beziehung eines Individuums zu einem anderen hat ihre unmittelbare menschliche Eigenart verloren und wird von Manipulation und Instrumentalisierung bestimmt.‹
Erich Fromm, ›Escape from Freedom‹, 1941

›Die Selbstmordrate (23,4 pro 100 000 Einwohner) ist die höchste der Welt und ist in der Mehrzahl der Fälle einfach dem ‚Ense' (Lebensmüdigkeit) zuzuschreiben.‹
Fosco Maraini, ›Meeting with Japan‹, 1959

›. . das Gefühl universaler Sinnlosigkeit, Langweile und Verzweiflung, und der dazugehörige Wunsch, ›irgendwo, irgendwo, nur nicht in dieser Welt‹ zu sein oder zumindest fern von dem Ort, wo man sich gerade aufhält, war über ein Jahrhundert lang die Inspiration für Lyrik und Roman. Zu Matthew Greens Zeiten wäre es undenkbar gewesen, ein ernsthaftes Gedicht über ‚l'ennui' zu schreiben.‹
Aldous Huxley, ›Accidie‹, in: ›On the Margin‹, 1923

›Die höheren Organismen tendieren dazu, eine völlige Monotonie ihrer Umwelt aufzubrechen. In einem Labyrinth benutzt eine Ratte, wenn möglich, verschiedene Wege, um zu ihrer Nahrung zu gelangen, und nicht ständig denselben. Die Stellen, die sie schon kennt, vermeidet sie, um weniger bekannte Stellen zu erkunden.‹
Woodburn Heron, ›Pathology of Boredom‹, in: ›Scientific America‹, Januar 1957

›Während Wirtschaftswissenschafter diskutieren, ob es eine Sättigungsgrenze für das Einkommen gibt, spricht alles dafür, daß es eine Sättigungsgrenze der kulturellen Interaktion gibt. Die neuesten Ergebnisse psychologischer Studien, die noch bestätigt und erweitert werden müssen, deuten darauf hin, daß die physiologische Grenze des Menschen etwa bei einer Milliarde Hubits pro Kopf und Jahr liegt. Wird diese Grenze erreicht, zeigen die Menschen Alarmreaktionen seelischer Belastung: offensichtliche Störungen, Irrtümer bei ihren Handlungen, Verwirrung, ein ausgeprägtes Verlangen, sich zu entziehen usw. Es muß damit gerechnet werden, daß ein immer größer werdender Teil der Stadtbevölkerung mit zunehmendem Tempo Belastungen unterworfen wird, die der Kommunikation entspringen.‹

Richard L. Meier, ›Measuring Social and Cultural Change in Urban Regions‹, in: ›Journal of the American Institute of Planners‹, November 1959

›Einen Zufluchtsort, einen dunklen Schlupfwinkel für mich. Ich möchte selbst von Gott vergessen sein.‹
Robert Browning, ›Paracelsus‹, Teil V, 1835

Die Folgen unserer vom Menschen geschaffenen gegenwärtigen Umwelt, der die Menschheit wahrscheinlich niemals mehr entrinnen können wird, werden uns in dem bewährten Rat des altmodischen Hausarztes vor Augen geführt: ›Machen Sie Ferien; was Sie brauchen, ist Veränderung.‹ Auf der Suche nach den tieferen Gründen der Unzufriedenheit hat der moderne Arzt zu dieser Diagnose der chronischen Krankheit des modernen Stadtmenschen wenig hinzufügen können. Es ist die grundlegende Monotonie seiner von Angstgefühlen bestimmten Existenz, woran der Stadtmensch von heute krankt.
Obwohl die Zivilisation den modernen Menschen mit immer neuen Reizen versorgt – wirklichen, simulierten und künstlich herbeigeführten – wird ein großer Teil des Erfahrungsspektrums völlig vernachlässigt. Mechanisierung, Massenproduktion und -verbrauch, Standardisierung und Vorempfundenes bieten immer weniger Gelegenheit für unmittelbare Erfahrungen, die unterschiedlich nach Grad, Intensität und Umfang sind. Wirkliche Abwechslung fehlt in der täglichen Erfahrung.
Eine beständige persönliche Beziehung zu Menschen, zu Dingen und zur Natur, wie sie in der vorindustriellen Epoche tagtäglich erfahren wurde, ist selten geworden. Eine künstliche Welt zeigt Menschen, Dinge und Ereignisse, die entweder unpersönlich oder überdramatisiert sind. Das wirtschaftliche Wachstum scheint Quantität zum Fetisch zu erheben und sie über Qualität zu stellen. Wir müssen versuchen, die Aufmerksamkeit auf die unbeachteten, aber lebenswichtigen Alltäglichkeiten zu lenken.
Überall rollen Räder zum Nachteil unserer Beine, kreuzen Stimmen anderer Leute unsere Gedanken. Schnelligkeit und Hochspannung haben Geruhsamkeit und Entspannung verdrängt. Die Größe und Lautstärke hat die Überschaubarkeit und Stille überwältigt. Ausgestorben sind die Intimität, die Besonderheit, die seltsamen Erfahrungen in den großen Städten der Vergangenheit, wo der Einsame, der Abenteurer oder der Dichter sich insgeheim und nach Belieben unter die Menge mischen konnten und gerade an ihrer Anonymität Freude fanden.
Was einst Selbstverständlichkeit war – die Möglichkeit, der Menge zu entfliehen, um allein zu sein und Ruhe zu finden –, gibt es heute nicht mehr. Unaufgefordert verfolgen einen die Massen,

einst auf Straßen und öffentliche Plätze beschränkt, mit Hilfe der elektronischen Medien bis in die abgeschlossene Privatsphäre und durchdringen akustisch die dünne Trennwand, die uns nicht vor den lauten Nachbarn zu schützen vermag.

Die einheitlich geplante Stadt wurde früher gegen Eindringlinge und Aufstände der Landbevölkerung befestigt. Die einzelnen Gebäude und Wohnhäuser waren zum Schutz gegen Rebellen, Räuber und Fremde mit Waffen ausgerüstet. Die Vorsichtsmaßnahmen, die in Grundriß und Struktur deutlich zum Ausdruck kamen, traten auf Grund wirtschaftlicher Entwicklung und sozialer Disziplin, gestützt auf systematische Gesetzesdurchführung, allmählich zurück. Die großen, leicht einzuschlagenden Glasscheiben, das Panoramafenster, das Fehlen von Mauern und Zäunen sind Symbole eines kurzlebigen Vertrauens in die Wirksamkeit jener Schutzprinzipien.

Jedoch ›le cercle est bouclé‹ – die Zivilisation hat einen Kreis beschrieben. Heute, wo die Gesetzesvollzieher weitgehend um die Lösung von Verkehrsproblemen kämpfen, scheint die Wirksamkeit des Schutzes abzunehmen, und die Möglichkeiten, in die Privatsphäre einzudringen, vervielfachen sich. Zu den Räubern und Landstreichern der Vergangenheit haben sich Ganoven und Psychopathen, Schwindler und Vertreter gesellt, die scheinbar alle gleich achtbar in Standardkleidung und Standardautos auftreten.

Als ob der Schutz gegen solche direkten Angriffe noch nicht problematisch genug wäre, muß der moderne Mensch auch noch mit dem unendlich schwierigen Problem einer anderen Art von Eindringlingen fertigwerden, deren Lautsprecherstimmen und Geräusche in seinen Ohren schallen und deren verschwommene Bilder auf dem Bildschirm vor seinen Augen flimmern.

Die verschiedenen Eindringlinge, die imstande sind, sich einen Weg bis zu seiner Tür und bis zu ihm selbst zu bahnen – und zusätzlich die, die heute sogar bis in sein Unterbewußtsein hineindringen –, belasten in enormer Weise die Fähigkeit des modernen Menschen, auf irgendeiner Ebene wenigstens den Anschein von Sicherheit aufrechtzuerhalten.

Das Individuum braucht Schutzschranken gegen die Geräusche und den Anblick zahlloser Besucher, einschließlich der körperlosen Besucher in Fernsehen und Radio, die von irgendeinem Familienmitglied gerufen werden. Die Familie wiederum muß sich gegen die wachsende Zahl unmittelbarer Nachbarn schützen. Die größere Gruppe schließlich muß sich gegen die chaotische Überfülle außerhalb ihres Bereiches zur Wehr setzen.

Nur physische Isolierung vor den Gefahren und Qualen dieser Invasion – Störungen durch Menschen, Verkehr und Lärm – kann dem Chaos und der Verwirrung Einhalt gebieten. Selbst im theoretisch geschützten Bereich der Familie treten dieselben Notstände in veränderter Form auf: so in Fällen falscher Zurückhaltung bei Interessenkonflikten zwischen Personen verschiedenen Alters und verschiedener Bildung. Wo ist der Ort, an dem Entspannung, Konzentration, Meditation, Selbstbesinnung, Sinnesfreude möglich sind, wo sind die Voraussetzungen für Intimität, Zärtlichkeit, Lebensneugier und Freude? Wenn der Mensch nicht zumindest zeitweise den Lärm der Masse ausschalten kann, wie soll er die Stimme eines spielenden Kindes oder den Anblick und Gesang eines Vogels, der den Wechsel der Jahreszeiten verkündet, wahrnehmen und genießen können?

Man spricht leichtfertig – wenn auch etwas unsicher – von ›Humanität‹ und ist so an das Klischee des menschlichen Maßes gewöhnt, daß man nicht mehr fragt, an welchem Menschen zu welcher Zeit, wo und unter welchen Bedingungen gemessen wird. Aber dieser abstrakte Begriff ›Mensch‹ reicht inzwischen dank der technologischen Entwicklung vom historischen Fußgänger-Reiter-Menschen, der unvergeßliche Denkmäler nach seinem Maß errichtete, bis zum Riesen, der motorisiert oder mit Düsenantrieb schneller als der Schall in Tausendmeilenstiefeln über seine Umwelt hinwegschreitet, die Augen auf sich weitende Horizonte gerichtet, aber leider dabei vieles unter sich zertrampelnd. R. Buckminster Fuller wies darauf hin, daß ein Besucher vom Mars, der sich der Erde näherte, die Erdbewohner erst wahrnehmen könnte, wenn er fast auf der Erdoberfläche wäre. Lange vorher würde er schon Autobahnen, Eisenbahnschienen, Hochspannungsmasten, Flughäfen, Gebäude und Fahrzeuge erblicken. Vielleicht würde er dadurch verwirrt werden und die große Zahl bewegter Dinge fälschlicherweise für die Bewohner unseres Planeten halten. Die menschlichen Bewohner sind in ähnlicher Lage. Immer seltener sieht der Mensch den Menschen als solchen. Er sieht ihn in der Stadt, auf Autobahnen und auf dem zweidimensionalen Bildschirm. Er hört ihn aus Telephonen und Lautsprechern. Aber erst losgelöst von allen Apparaten zeigt er sich als wirkliches Lebewesen. Erst wenn der Mensch in seinem einmaligen natürlichen Zustand ›von Angesicht zu Angesicht‹ einem anderen Menschen gegenübersteht, kann er das historische menschliche Maß, die Beziehungen zwischen seiner eigenen physischen Statur, der seiner Mitmenschen und der Dimension seiner unmittelbaren Umwelt finden. Erst dann wird die echte gegenseitige Beziehung möglich.

Der Mensch des industriellen Zeitalters hat durch seine Erfindungen seine Sinne ungeheuer erweitert. Mit Hilfe von Instrumenten kann sein Auge riesige ebenso wie winzige Dimensionen wahrnehmen. Er beherrscht Geschwindigkeiten und Entfernungen, von denen vor dreißig Jahren nicht einmal die Flieger zu träumen wagten. Aber die Faszination des Neuen hat das Interesse am Alten und Vertrauten fast zerstört. Der Mensch konzentriert sich so auf das Aufregende und Extreme, daß er den Durchschnittsdimensionen gegenüber gleichgültig wird, obwohl gerade sie die menschlichen sind. Der Zauber des Kleinen hat sich in den Kult des Niedlichen verwandelt; Gleichgültigkeit ist der Verachtung gewichen. Außerdem ist für den Mann auf der Straße, der mit Chemie oder Kernphysik nichts zu tun hat, das Winzige kaum von Interesse. Nur das ›Superkolossale‹, wie das bemannte Raumschiff, das zum Mond fliegt, oder das Schockierende, wie der gräßliche Mord in der Nachbarschaft, fesseln ihn.

Der Lärm und die Geschwindigkeit, die heute jedem erreichbar sind, und mit denen jeder ohne weiteres umgehen kann, verdrängen das Stille und Langsame. Das Radio kann lauter gestellt werden, um andere Geräusche zu übertönen; das Gaspedal läßt sich tiefer durchtreten, um langsamere, schwächere Fahrer einzuschüchtern. In der Weiterentwicklung seiner technischen Möglichkeiten hat der Mensch sich selbst fast ausgeschaltet. Seine mittelgroße Gestalt und seine begrenzte physische Leistungsfähigkeit werden von seinen Konstruktionen und Maschinen in den Schatten gestellt; seine Stimme ist im Lärm der Maschinen und der mechanischen Verstärker kaum noch zu hören.

Die Wissenschaft verfügt zwar über Mittel, um den Schaden, den die Menschen durch ungeeignetes Klima, Verschmutzung oder Nichterfüllung grundlegender physischer Erfordernisse erleiden, festzustellen. Aber offenbar ist sie bisher weder in der Lage, den Schaden zu messen, der dem Menschen durch die chronische Überbelastung an nervlicher Anspannung zugefügt wird, noch seine Anpassung – oder genauer die fehlende Anpassung – an gewaltsame und plötzliche Veränderungen seiner Lebensbedingungen zu beurteilen, die eine neue technische Entwicklung hervorgerufen hat. Das Leben auf einer Bergspitze mit Klimaanlage – z. B. in der luxuriösen Penthouse-Wohnung im Wolkenkratzer, wo sich dem Menschen nur weite, erregende Anblicke bieten, wo er nur Lautsprechergeräusche hört, wo er sich dem Wetter nicht aussetzen kann – ist wahrhaft eintönig. Überreizung des hohen, lauten und schnellen Pols des Erfahrungsspektrums und Entbehrung am niedrigen, ruhigen und langsamen Pol berauben den Menschen einer ausgewogenen Vielfalt. Die Aufmerksamkeit ist hauptsächlich auf auffällige, dramatische Nebensächlichkeiten gerichtet: die neueste Schallplatte, das schnellste Rennen, das höchste Gebäude, die hellsten Lichter, ›das erste Mal‹, den weitesten Schuß, den größten Lärm, das größte Publikum, das hübscheste Mädchen, das größte Vermögen.

Das scheinbare Anwachsen der Vielfalt in unserer reichen industriellen Gesellschaft könnte sich als eine neue Form der Monotonie von massenproduzierten Waren herausstellen. Immer mehr bedeutet immer weniger, die bloße Quantität und Wiederholung einzelner erregender Ereignisse raubt ihnen ihre Wirkung. Das

Kaleidoskop leuchtender Farben mündet in das eintönige Grau des Farbenrades.

Es ist leicht vorstellbar, daß der menschliche Organismus verkümmern könnte, wenn unsere Erfahrung dauernd auf ein Extrem beschränkt bliebe, wenn der Mensch nur von stärksten Reizen stimuliert würde und des erholsamen Kontrasts, des Zarten, entraten müßte. Die menschliche Sensibilität könnte, ebenso wie durch monotone Überreizung, auch durch eine Umgebung perfekten und automatisch kontrollierten Komforts abgestumpft werden. Unsere Fähigkeiten funktionieren am besten und bleiben am leistungsfähigsten, wenn wir uns anstrengen müssen.

Monotonie jeder Art – dumpf oder intensiv – schwächt. Langweile ist ein Wort, das man heute allerorten hört. Es mag sein, daß die Einförmigkeit des ›Alptraums mit Klimaanlage‹ Geist und Körper abstumpfen läßt und daß unter solchen Bedingungen das menschliche Leben degeneriert.

Vielleicht wird die Wissenschaft einmal entdecken, daß die ausgewogene Vielfalt nicht wesentlich für das physische Wohlbefinden des Menschen ist; aber das ist unwahrscheinlich. In der Natur scheint das Gleichgewicht lebender Organismen aus Kontrasten zusammengesetzt zu sein, die in dynamischer Beziehung zueinander stehen. Die vom Menschen geschaffene Welt muß zumindest genauso viel verwirklichen. Das verhindern heute zwei nicht zu übersehende Eindringlinge. Gerade die Instrumente, die die dynamische Macht des Menschen – durch totale Mobilität und rasche Kommunikation – vergrößerten, sind auch die Zerstörer des Gleichgewichts der menschlichen Umwelt.

6 Feind Nummer eins: das Auto

Die Mobilität des Menschen
Der Mensch auf Rädern
Die Auto-zentrische Kultur
Stadt oder Asphaltwüste
Das kostspielige Auto
Die veralteten Füße
Wo soll Hänschen spazierengehen?
Die todbringende Straße

›Das Auto ist politisch so beherrschend, daß Städte und Staat sich zerreißen, um für das Verkehrsproblem ›etwas zu tun‹. Aber die Maßnahmen, die sie ergreifen, erleichtern (das heißt de facto: steigern) den Verkehrsfluß, statt ihn zu reduzieren. Jede neue Entlastungsstraße entlastet lediglich einige Straßen auf Kosten anderer und verleitet nur mehr Leute dazu, mehr Autos zu fahren: ein endloser Circulus vitiosus.
Bis heute hat das Auto die Formen der Landnutzung schneller revolutioniert, als die theoretischen Konzepte der Raumplanung sich haben entwickeln können. Das Ergebnis ist, daß das Auto unserer Kontrolle entglitten zu sein scheint, es ist mit den bisherigen Methoden nicht zu bändigen und dem Moralisieren unzugänglich.‹
David Riesman und Eric Larrabee, ›Autos in America‹, in: ›Consumer Behavior-Research on Consumer Reactions‹, 1958

›Die Hölle auf Rädern: Heute abend, 7.30 bis 8.30 Uhr, Kanal 2. Pendler – Stehplatzinhaber – Sonntagsfahrer, sie alle sind sich einig: es ist ein Chaos. Treten Sie nur vor die Tür, und schon sind Sie mitten drin – das erstickende Gewühl von Straßen und Schienen, das die schnellste Stadt der Nation jedes Jahr dem totalen Stillstand näher bringt. Haben wir die Endstation erreicht, oder gibt es einen Ausweg? Bleiben Sie heute abend zu Hause – sehen Sie sich den aufrüttelnden WCBS-Fernseh-Bericht über die New Yorker Verkehrskrise an, die jeden im New Yorker Bereich angeht, und letzten Endes auch die ganze Nation.‹
CBS-Inserat, in: ›New York Herald Tribune‹, 18. Juli 1960

›Eine 21jährige Frau, die gestern in Brooklyn einen Kinderwagen spazieren schob, konnte ihr Kind gerade noch in die Sicherheit stoßen, bevor sie selbst unter den Rädern eines Autos, das auf den Bürgersteig fuhr, den Tod fand.‹
›New York Herald Tribune‹, 10. September 1960

›Lafayette, Louisiana, 1. Juni 1960 – Der römisch-katholische Bischof von Lafayette, Exzellenz Maurice Schexnayder, gab heute ein Edikt heraus, nach dem Menschen römisch-katholischen Glaubens, die der fahrlässigen Tötung bei Autounfällen überführt worden sind, ein christliches Begräbnis zu verweigern ist.‹
›New York Herald Tribune‹, 2. Juni 1960

›Nichts macht sich in so dramatischer Form bemerkbar wie die Unzulänglichkeit des Verkehrswesens in unseren Großstadtgebieten. Die Lösung kann nicht nur im Bau zusätzlicher Stadtautobahnen bestehen – so wichtig diese Aufgabe auch ist. Es müssen andere Möglichkeiten der Beförderung erprobt und ausgebaut werden, die weniger Raum und weniger Aufwand erfordern.

Daher habe ich den Administrator der Housing and Home Finance Agency und den Handelsminister aufgefordert, sofort eine ausführliche Studie über die Probleme des städtischen Verkehrswesens und die besondere Rolle der Bundesregierung bei ihrer Lösung auszuarbeiten.‹
Präsident Kennedy, ›Special Message to Congress on Housing and Community Development‹, 10. März 1961

Die moderne Zivilisation bewegt ungeheure Menschenmengen, Rohmaterialien und Fertigwaren von einer Stelle zur anderen. Da ihr Leben auf diesen pulsierenden Aktionen beruht, besteht keine Aussicht, sie einzuschränken. Eine wachsende Anzahl von Bürgern der Vereinigten Staaten verbringt einen immer größer werdenden Teil der Zeit unterwegs, meist im Auto. Obwohl es nicht unser Ziel ist, auf alle Aspekte dieser steigenden Mobilität einzugehen, lesen wir die Himmelsschrift und erkennen, daß angesichts der Möglichkeit neuer Bahnen durch die Stratosphäre – zusätzlich zu den Kondensstreifen unserer Zeit – die Mobilität so alltäglich werden wird, daß ihre Mängel schwieriger denn je zu erkennen sein werden.
Eine Vorliebe für die Fortbewegung auf Rädern wird den Amerikanern fast vom Augenblick ihrer Geburt an mitgegeben. Nachdem die jungen Eltern die Freuden des Watschelstadiums erlebt haben – ein Rest von Anerkennung einer Entwicklungsstufe des ‚anthropus erectus' –, nehmen sie eine progessiv ablehnende Haltung gegenüber dem Gehen oder irgendeiner anderen langsamen Bewegung ein. Die kleinen Kinder werden schnell ans Fahren gewöhnt: Dreirad, Roller und Fahrrad folgen rasch aufeinander und werden in der frühen Jugend durch den Motorroller und schließlich durch König Auto selbst ersetzt. Über die standardisierten Rasen bewegen sich mit gefährlicher Geschwindigkeit sogar motorisierte Grasmäher. Bald wird vielleicht ein neuartiger, hochtrainierter Jockey notwendig sein, um sie zu lenken.
Amerika wird seit langer Zeit von der Ansicht beherrscht, jeder einzelne habe das Privileg, sein Auto mit ins Wohnzimmer zu nehmen und alle Vorteile anderer Beförderungsmittel zu opfern, indem er das Auto allem anderen überordnet. Die heutige zwanghafte Beschäftigung mit dem Auto hat unsere Kultur so ›Autozentrisch‹ ausgerichtet, daß man nicht einmal mehr die offensichtlichen Nachteile wahrnimmt.
Mit Ausnahme der großen Hauptstädte, in denen das Leben Tag und Nacht unvermindert weitergeht – wie in London, Paris oder New York City –, besteht ein Drittel oder mehr der typischen zivilisierten ›Stadt-Vorstadt‹-Fläche aus einer Asphaltwüste, die je nach Jahreszeit heiß, überschwemmt oder mit Glatteis überzogen ist. Fast leer zwischen den kurzen Hauptverkehrsstunden,

mit äußerst hohen laufenden Unkosten, sind sie eine ungeheure Verschwendung wertvollen Landes. Vielleicht sollten wir uns mit dem Gedanken an die große Gelassenheit des Vorstadtbewohners trösten, der Tag für Tag in allen Städten der USA in den Stauungen während der Hauptverkehrszeiten steckt – tägliche Routine des Autopendlers. Aber das Gegenteil ist wahr: Nicht Tugenden, sondern neue Laster entstehen hinter dem Lenkrad. Der andere Fahrer wird zum Feind, und dieser Haß zwischen Gleichen hat die Brüderlichkeit der frühen Tage des Autofahrens verändert. Der barmherzige Samariter ist auf der modernen Autobahn kaum mehr zu finden.

Wenn unser stetig wachsender Bedarf an Autos anhält, werden die Kosten für die Unterbringung unsere bisherige erstaunliche Fähigkeit überflügeln, für dieses intensiv geförderte Privatbedürfnis aus dem Staatssäckel zu zahlen. Der öffentliche Raum, den Regierung und Wirtschaft ›am anderen Ende‹ für Park- und Wendemöglichkeiten des Privatautos (das unterwegs ist für eine wahrscheinlich winzige Besorgung) zur Verfügung stellen müssen, ist beträchtlich. Die Gesamtsumme für Parkflächen und Straßendecken wächst im öffentlichen und selbst im privaten Bereich ungeheuer an; da Raum immer knapper und teurer wird, könnten die Kosten für den Parkraum für beide Seiten untragbar werden. Jedes Fahrzeug, das nicht in Bewegung ist, ist nutzlos. Das Auto wird die meiste Zeit nicht benutzt. Der parkende Wagen ist nicht nur unrationell und unwirtschaftlich, er ist auch ungebührlich. Ein Verkehrssystem kann nur dann für die Stadtbevölkerung von Nutzen sein, wenn jedes Fahrzeug ständig in Bewegung ist. Ein Wagen von durchschnittlicher Größe erfordert rund 40 qm gepflasterten Raum – das entspricht etwa 25% der Bodenfläche, die heutzutage für ein durchschnittlich großes, amerikanisches Familienhaus vorgesehen ist. Aber die Preise selbst verraten uns nicht die wahren Kosten des Autos. Diese bestehen nämlich darin, daß andere Beförderungsmittel aufgegeben werden müssen.

Ein interessantes Experiment wird zur Zeit in Schweden durchgeführt, in der an zweiter Stelle stehenden Überflußgesellschaft der Welt. Während Schweden die 100%ige Motorisierung seiner Bevölkerung erstrebt – für jede Familie ein Auto –, wird gleichzeitig das System des städtischen Verkehrs bis zur maximalen Leistungsfähigkeit ausgebaut. In dieser umfassenden Verkehrsstrategie ist ein Moment berücksichtigt, das sich wahrscheinlich als allgemein erstrebenswert herausstellen wird: der Ausschluß des Privatautos aus dem zentralen Stadtgebiet mit allen Mitteln, die einer demokratischen Gesellschaft zur Verfügung stehen.

Mit diesem großartigen öffentlichen Ziel vor Augen, wird zumindest eine Stadtverwaltung die kostenlose Beförderung ihrer Einwohner innerhalb der Stadtgrenzen verwirklichen. Ein Bus, der alle zehn Minuten fährt, wird von jeder Stelle aus in fünf Minuten erreichbar sein. Auf die Dauer ist es zweifellos billiger, im Stadtgebiet Freifahrten auf öffentlichen Verkehrsmitteln anzubieten, als Platz für das sporadische Halten und Anfahren des Autos zur Verfügung zu stellen.

Am Auto selbst ist nichts auszusetzen. Nur der übertriebene Gebrauch, den wir von ihm machen, ist falsch. Als hauptsächlich private Annehmlichkeit verletzt es die öffentlichen Interessen in zu vieler Hinsicht. Die ungeheuren Investitionen öffentlicher Gelder für Straßen, Brücken, Garagen und Parkplätze verhindern die Entwicklung sämtlicher anderer Arten von Beförderungsmitteln, die für verschiedene Zwecke und Entfernungen geeigneter wären.

Das Auto beeinträchtigt selbst das Spazierengehen.

Wenn sich der Mensch vorgenommen hätte, das Gehen überhaupt abzuschaffen, so hätte er sich kaum raffiniertere Mittel dafür ausdenken können. Das Gehen ist schon fast abgeschafft. Es ist heute ganz normal, lächerliche Entfernungen in riesigen Autos zurückzulegen – trotz der Wendeschwierigkeiten und der ewigen Suche nach Parkplätzen. Lewis Mumford hat sich ironisch über die Tatsache geäußert, das heute ein Auto mit 250 Pferdestärken genauso lange braucht, um in die Innenstadt zu kommen, wie ein Pferd mit Wagen vor 80 Jahren. Und trotzdem fahren Autobesitzer eher, als daß sie gehen. Sogar Amateurgolfspieler fahren in elektrischen Wagen von Loch zu Loch, statt zu gehen.

Die Anbetung des Autos hat noch andere, absurde und gefährliche Folgen. Die kärglichen polizeilichen Hilfsmittel sind durch die riesige Anzahl von Autos bis an die äußersten Grenzen des Möglichen strapaziert. Das Ergebnis? Der Kampf zwischen Gesetz und Verkehr erfordert heute mehr Zeit und Aufwand als der Kampf zwischen Gesetz und Verbrechen. Der Verbrecher, der sich hinter das Lenkrad setzt, kann also einen doppelten Kampf führen.

Ein anderes merkwürdiges Nebenprodukt betrifft die Privatsphäre. Da sie heute innerhalb des Hauses so schwer zu finden ist, suchen die jungen Paare sie im Auto. Das Auto mit Heizung und Klimaanlage ist nicht nur Fahrgelegenheit, sondern auch Schlafzimmer, das weit mehr Intimität bietet als die altmodische Veranda oder das Sofa vor dem Fernsehschirm.

Die Hingabe an die Geschwindigkeit ist evident in den Abmessungen und der Präzision der von erfahrenen Ingenieuren mit hervorragender Sorgfalt entworfenen und mit großem Kostenaufwand gebauten Kleeblattkreuzungen. Der Mensch der heutigen Zivilisation ist von den Möglichkeiten und Folgen hoher Geschwindigkeiten so fasziniert, daß er fast sein Unterscheidungsvermögen verloren hat und auf Geschehen bei niedrigeren Geschwindigkeiten nicht mehr achtet. Die Übersichtlichkeit und Sicherheit des Kleeblatts ist himmelweit verschieden von den Kreuzungen und unübersichtlichen Ecken der Vorstadt, wo das Auto vielleicht langsamer fährt, wo aber die Gefahr für das menschliche Leben nicht geringer ist.

Die Geschwindigkeit nimmt ständig zu; niemand mag es, sich langsam fortzubewegen. Autofahrer zu Fuß, eine Rarität, treten respektvoll von der Bahnsteigkante zurück, wenn die U-Bahn vorbeifährt, und achten fast ebenso ängstlich auf den vorbeifahrenden Bus, wenn sie den Bürgersteig verlassen. Aber die Gefahr, die ihnen von dem Lieferwagen oder dem Auto ihres Nachbarn droht, der gerade vor dem Haus wendet, beachten sie selten, und sitzen sie selbst hinter dem Lenkrad, benehmen sie sich alle gleich nachlässig.

Auf der Schnellstraße, wo die Organisation des Verkehrs, die Geschwindigkeitsbegrenzungen und die polizeiliche Überwachung zumindest teilweise ihre Funktion erfüllen, sind die Gefahren des Automobils einigermaßen kontrollierbar. Aber wenn das Auto von der Autobahn auf eine kleinere Straße abbiegt und schließlich in der Straße, in der der Fahrer wohnt, anhält, verringert sich paradoxerweise die Kontrolle. Im Freien kann man einem Rudel Wölfe allenfalls entkommen, aber nicht in der Schafhürde. Langsame Geschwindigkeiten verlangen größere Konzentration, in Wirklichkeit ist sie jedoch geringer. Frachten und Passagiere, Fahrzeuge und Fußgänger sind noch immer nicht voneinander separiert. Die aufsehenerregenden Zusammenstöße auf den Autobahnen bei hohen Geschwindigkeiten, in denen sich zivilisierte Menschen gegenseitig töten, füllen die Schlagzeilen, und die Illustrierten bringen darüber entsetzliche, drastische Bilder. Aber wenig Notiz wird von dem erschütternden Tod eines Kindes genommen, das auf der Straße zwischen parkenden Autos gespielt hat, dort, wo die Ungeschützten, Unschuldigen, Unerfahrenen und Unbekümmerten anzutreffen sind.

Jede Straße, an der Häuser stehen, ist todbringend. Der öffentliche Bürgersteig hatte Sinn, bevor man ihn Jahr um Jahr in kleinere Stücke schnitt, um Platz für Privateinfahrten zu schaffen. Nun ist er eine wüste Schlachtbank von Bordschwellen und verschieden hohen Ebenen – ein Hindernisrennen für Mütter mit Kinderwagen. Die Straße selbst ist nicht mehr Promenade für Freunde und Nachbarn in angenehmer Unterhaltung, sondern eine Verkehrsader, auf der gefährliche Lastwagen und andere schlechtriechende Fahrzeuge mit fremden Leuten fahren. Sie bietet keinen Raum mehr für spielende Kinder oder schlendernde Liebespaare, auch nicht mehr für Hunde. Der ungelöste Konflikt zwischen Fußgänger und Auto hat sie obsolet gemacht.

Gummibereifte Fahrzeuge jeglicher Art nehmen einen immer größer werdenden Teil der Erdoberfläche für sich in Anspruch. Nach einer Faustregel für die Erschließung von Wohngegenden wird ein Minimum von 25 % der vorhandenen Flächen für Straßen und Parkplätze vorgesehen. In der Innenstadt von Los Angeles sind etwa 66 % aller Flächen dem Automobil eingeräumt

7 Feind Nummer zwei: der Lärm

Die Hör- und Seh-Kultur
Die nachvollzogene Erfahrung triumphiert
Der Lärm, der zum Essen kam
Akustische Anarchie
Weniger Lärm durch mehr Lärm

›Der Lärm kann oft indirekte Wirkungen ausüben. Er löst zunächst Ärger aus, führt zu Schlafstörungen, dadurch zu einer erhöhten Reizbarkeit und zu Leistungsabfall. Dies bewirkt Schwierigkeiten in der Familie und im Beruf. Es kommt zu Streitigkeiten mit Vorgesetzten, und alles in allem führt er zu psychogenen Erkrankungen verschiedenster Art. Gelingt es den Betreffenden, in eine ruhige Umgebung zu übersiedeln, bessern sich die genannten Schwierigkeiten meist sehr schnell, und der Lärm wird als eigentliche Ursache erkannt.‹
F. von Tischendorf, in: Handbuch ›Medizin und Städtebau‹, hrsg. von Paul Vogler und Erich Kühn, 1957

›Leopold Stokowski, der kürzlich ein Konzert im Robin Hood Dell in Philadelphia unterbrach, weil eine pfeifende Diesellokomotive der Musik Konkurrenz machte, hatte am Sonntag im Lewisohn-Stadion unter noch schlimmerem unprogrammgemäßem Lärm zu leiden. Er unterbrach das Konzert fünfmal, als über ihm Verkehrsflugzeuge dröhnten.‹
›New York Herald Tribune‹, 2. August 1960

›.. Er stellt wirklich so oft wie möglich Plattenspieler oder Radio an, und zwar so laut wie möglich.. Einen Ort zu finden, wo er bleiben kann, wo es entweder keine Nachbarn gibt oder Nachbarn, die Kenton-Schallplatten bei höchster Lautstärke um vier Uhr morgens akzeptieren – das ist ein dauerndes Problem seines Lebens.‹
›Profile of Mort Sahl‹, in: ›The New Yorker‹, 30. Juli 1960

›Die Welt ist zu komplex und das Leben zu gefährlich, als daß irgendein Instrument, dessen Wirkung uns alle trifft, außer Kontrolle geraten dürfte.‹
Gilbert Seldes, ›The Public Arts‹, 1956

›Ich sehe mir nicht jede Show an. Ich brüte über einem Plan, um eure ganze jämmerliche Industrie zu vernichten. (Cartoon eines Mannes, der mit einer telefonischen Meinungsumfrage belästigt wird.)‹
›Consumer Reports‹, September 1960

›Bei der freiwilligen Feuerwehr erklärte uns ein ruhiger und unrasierter Mann, daß die Sirene nichts anderes als die Mittagsstunde verkünde. Sie ertöne jeden Tag, eine Art öffentlicher Dienst, und konnte – wie der Mann uns mit Stolz erklärte – meilenweit gehört werden.‹
›The New Yorker‹, 13. August 1960

›Der Holzimporteur und Kunstsammler Mr. Nevill Long hat einen Teil seines 2,43 qkm großen Besitzes in Bedfordshire in eine Zufluchtsstätte vor Lärm verwandelt.‹
›London Daily Telegraph‹, 31. August 1962

Die Flutwelle von Radio und Fernsehen hat unser Leben verändert. Unsere zwanghafte Unterwerfung unter Bilder und Rundfunkgeräusche übertrifft noch die Kapitulation vor dem Auto. Seit dem ersten Plattenspieler und dem Telefon sind die fernen Stimmen der äußeren Welt immer stärker in den inneren Bereich des Hauses eingedrungen, in dem bis dahin nur vertraute Laute und die Stimmen der Familie zu hören waren.
Die Wohnung, der Ort, von dem aus wir die Welt sahen, bevor wir das Abenteuer in der Welt suchten, ist nun selbst zu einer Bühne des Abenteuers geworden. Verwandelt durch die Elektronik, ist die Wohnung keine Zufluchtsstätte mehr, sondern eine Arena. Sie ist heute Marktplatz, Forum, Stadion und Schule, Theater und Kino, alles in einem. Man drückt auf den Knopf und sucht sich etwas heraus.
Der zivilisierte Mensch führt ein wirres Leben: Jedes Geschehen an jedem Punkt der Erde kann mit einigem Glück durch Drehen des Knopfes herbeigeholt werden. Wenn man nicht die umfangreiche Programmvorschau benützt und eine ganz spezielle Auswahl nach persönlichem Interesse und Geschmack trifft, wird man einer Abfolge von Ereignissen ausgesetzt, die ein gewaltiges ›non sequitur‹ bilden.
Das Fernsehen, eine der größten Industrien unserer Wirtschaft, ist in kaum einem Jahrzehnt von einem Spekulationsgeschäft herangewachsen zu dem mächtigsten Instrument für Überredung, Verführung und Propaganda, das es je gab. Um die ›Hör- und Seh‹-Kultur zu schaffen, bedurfte es noch weniger Zeit, als es selbst die zuversichtlichsten Kapitalanleger in dieser neuen Technik sich erhofft hatten. Zu fast jeder Stunde des Tages ist der heutige Mensch – in wachem oder halbwachem Zustand – bereitwilliger Empfänger von Sendungen, gleichgültig ob es sich um Information, Unterhaltung oder Einschläferndes handelt. Die Menschheit hat ein unersättliches Verlangen nach halb Gehörtem und kaum Gesehenem entwickelt. Selbst auf der Autobahn (einer der wenigen übriggebliebenen Möglichkeiten, allein zu sein und nachzudenken) stellt der überzivilisierte Mensch das Radio an. Das Anwachsen des Kommunikationswesens ist der Grund dafür, daß wir die meisten Erfahrungen nur nachvollziehen. Der Druck auf den Knopf stellt alles zu unserer Verfügung, außer die Fähigkeit zur Konzentration. Die allgemeine Anwendung der Transistortechnik hat es ermöglicht, durch Kofferradios das ›Wo man gerade ist‹ in ständiger Verbindung zu dem ›Überall sonst‹ zu

halten, als ob die Menschen verzweifelt versuchten, jede Möglichkeit eigener Erfahrung auszumerzen.
Ob gut oder schlecht, Radio- und Fernsehgeräte sind ein wesentlicher Bestandteil des neolithischen Zeitalters der Elektronik. Die Qualität der Tonwiedergabe und der Bildprojektion kann sich nur noch verbessern. Die Zahl der Geräte und Programme kann sich nur noch erhöhen. Der Bildschirm des Fernsehempfängers wird größer werden. Die Nachfrage nach größeren Leinwänden für die Projektion von Diapositiven und Filmen steigt. Das gewandelte Familienalbum – in Farbe – wird ein alltäglicher Gegenstand unserer Gesellschaft. Bald wird das Fernsehbild, aus der engen Begrenzung des Empfängers befreit, auf der großen Leinwand des Lichtbildes und des Films zu sehen sein. Die dramatische Vergrößerung der Bilder von Nachrichten und Unterhaltung kann schwerwiegende Folgen haben. Der Hintergrundslärm konkurriert bereits mit Konversation, Musik und Lektüre. Das Fernsehbild ›in Lebensgröße‹ wird mit Architektur und Kunstwerken konkurrieren. Die Isolierung widerstreitender Kommunikationen innerhalb des Hauses ist dringend notwendig.
Unter den gegenwärtigen Verhältnissen verliert der Mensch allmählich die Fähigkeit, zwischen Ton und Lärm zu unterscheiden – zwischen Wünschenswertem und Irrelevantem. Einige Laute werden ihrer Bedeutung wegen gewählt: die Unterhaltung, die Schallplatte, die man spielt, das Pfeifen des Kessels, wenn das Wasser kocht. Andere Laute werden als Lärm wahrgenommen und bewußt abgewiesen: ein Mühlbach, Verkehrslärm, das Surren des Kühlschranks. Aber um ihn als unerwünscht abzuweisen, muß man genau wissen, was den Lärm hervorruft. Es gibt jedoch eine große Klasse von Zwischengeräuschen. Diese Geräusche haben zwar Bedeutung, aber da wir sie nicht bewußt ausgewählt haben, nehmen wir sie nur teilweise wahr. Weil wir uns ständig anstrengen müssen, sie zu verstehen, um sie nutzen oder abweisen zu können, sind sie eine Störung in Permanenz. Der störendste Lärm ist der, der verschwommen, nur halb wahrnehmbar oder plötzlich ist. Er ist deutlich genug, um die Möglichkeit eines Unfalls, eines Verbrechens, eines mechanischen Versagens, einer Explosion oder anderer schlimmer Ereignisse zu signalisieren; er ist undeutlich genug, um mysteriös und beängstigend zu bleiben. Er läßt sich nicht in beruhigende, vertraute Geräusche eingliedern.
Aber Hintergrundslärm ist die allgegenwärtige, obligate Begleitung des modernen Lebens. Der zufällige Lärm, den alle möglichen Haushaltsgeräte, Nachbarn, schwere Lastwagen draußen und ferne Flugzeuge hervorrufen, ist schwer zu kontrollieren – und je weiter entfernt die Quelle des Lärms ist, desto schwieriger. Da der Mensch ihn nicht kontrollieren kann, paßt er sich dem Lärm an. Bisher ist es ihm gelungen, geistig normal und offenbar

gesund zu bleiben. Aber man sollte sich darüber Gedanken machen, was geschehen kann, wenn die allgemeine Lärmschwelle noch weiter ansteigt.

In beengten Raumverhältnissen, besonders in überfüllten Büros und Wohnungen, ist die Situation bedenklich. Das Problem, unerwünschte Geräusche zu isolieren, ist technisch so schwierig zu lösen, daß Ton-Ingenieure jetzt das einfachere Hilfsmittel empfehlen, selbst künstlichen Hintergrundslärm zu produzieren, als eine Art akustisches Kissen oder Schalldämpfer. Mehr Lärm zu machen ist offensichtlich die einzige ökonomische Art, unerwünschten Lärm auszuschalten und keine Mithörer zu haben. Nur durch Lärm scheint sich die Illusion der Ruhe herstellen zu lassen.

Welchen Sinn hat es, Benzin ins Feuer zu gießen? Da das Hintergrundsgeräusch, das man übertönen will, auch Kommunikation (irgendeines anderen) darstellt, muß seine Lautstärke ebenfalls gesteigert werden. Immer lauter gellen die beiden Geräuschquellen gegeneinander, bis jeder und alles brüllt. Das künstlich erzeugte Hintergrundsgeräusch, das ›akustische Parfüm‹, das unsere Akustiker verschreiben, ist in Wirklichkeit nicht Parfüm, sondern ein akustisches Desinfektionsmittel.

Daraus entstehen wahrscheinlich schwerwiegendere Folgen als nur Unbehagen oder Ärger: Die physischen und psychischen Folgen sind bisher ignoriert worden. Das Problem des Lärms betrifft nicht nur den Wachzustand des Menschen. Nicht einmal im Schlaf entflieht man dem Lärm. Wie dem Handbuch von Vogler und Kühn zu entnehmen, zeigen verschiedene Experimente, daß und Kühn zu entnehmen ist, zeigen verschiedene Experimente, daß es keinesfalls ›in Ordnung‹ ist, Kinder im Schlaf dem Verkehrs- und Radiolärm auszusetzen. Die Qualität des Schlafens unter solchen Bedingungen ist erschreckend schlecht – und führt unvermeidlich zu Nervosität, Konzentrationsmangel und Verwundbarkeit in jeder Hinsicht. Denn selbst im Schlaf verursacht der akustische Schock unterbewußte Reaktionen, die die Qualität und den Wert des Schlafs herabsetzen.

Die menschliche Umwelt ist nicht dafür entworfen, eine stetig wachsende Kakophonie zu beherbergen. Unter akustischen Gesichtspunkten ist unsere Umwelt altmodisch. Hinter der hochentwickelten Gliederung eines Fernsehstromkreises z. B. bleibt die Gliederung unserer Wohnstätten weit zurück.

8 Glaube und Vernunft

Die Gestalter
Das Veralten des Designer-Berufs
Zwang und Entwicklungsprozeß
Manière de penser
Erweiterung und Einheitlichkeit
Heuristische Prinzipien des Designers
Glaube und Vernunft
Die Kunst im Dienste der Umweltgestaltung
Die Technik als Instrument

Zyklen des Gestaltungsprozesses: die historische Entwicklung vom primitiven zum hochentwickelten Stadium

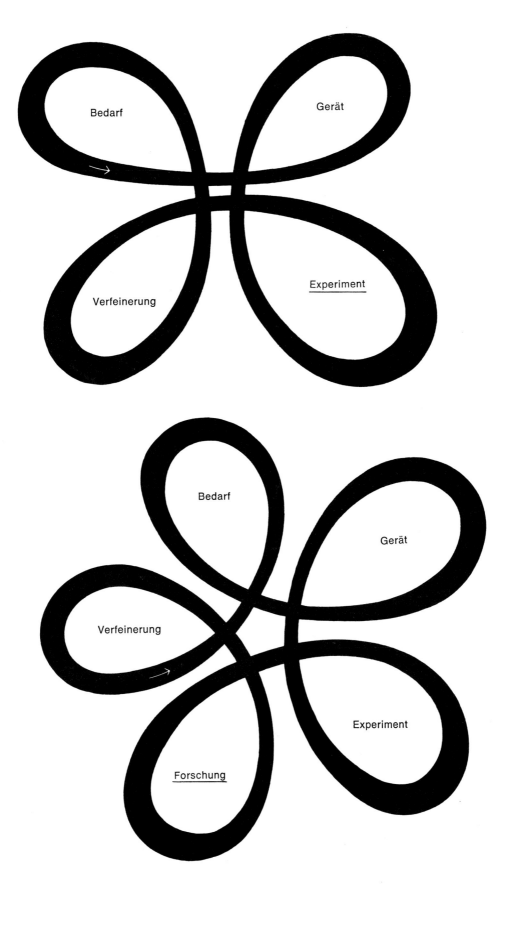

›Wenn es ein Strukturprinzip gibt, das den Werken des Schöpfers deutlicher als alle anderen eingeprägt ist, so ist es das Prinzip der zweckmäßigen Form.‹
Horatio Greenough, ›Form and Function‹, 1860

›Die Technologie ist auch eine vereinheitlichende Kraft. Verschiedene, gleich gute ökonomische Kombinationen oder soziale Arrangements können gleichzeitig existieren, aber es gibt nur eine Technik, die die beste ist. Die Technik kann modern oder altmodisch sein, aber das kann niemals fraglich sein: Die jeweils neuere Technik löst ständig die ältere ab.‹
Kerr, Dunlop, Harbison, Myers, ›Pluralistic Industrialism‹, in: ›Industrialism and Industrial Man‹, 1960

›Im elektronischen Zeitalter ist alles, was sich bewegt, Information. Die ausgedehnte Überlagerung früherer und gegenwärtiger Techniken nimmt im elektronischen Zeitalter einen eigenartigen Charakter der Simultaneität an. Alle Techniken werden simultan, und das neue Problem besteht in ihrer Akzentuierung und richtigen Auswahl und nicht in ihrer Verbindlichkeit.‹
Marshall McLuhan, Brief aus Toronto, 1960

›Aber sind wir (Designer) in der Lage, Gelegenheiten dann wahrzunehmen, wenn sie sich bieten? Haben wir das nötige Ansehen? Wird man auf unseren Rat hören? Ist unsere Stellung innerhalb des Systems wichtig genug, um unserer Ansicht Gehör zu verschaffen?
Auf all diese Fragen ist die Antwort ein nachdrückliches Nein. Wie die Dinge liegen, ist unser Status relativ niedrig, unser Ansehen zweifelhaft, und unser Rat wird allzuoft zurückgewiesen. Warum?
Weil es unter uns an Disziplin fehlt. Der Status eines jeden Berufs spiegelt sich in Gehaltsstufen, Honoraren, gesellschaftlichem Ansehen und öffentlicher Achtung wider. Dem Ingenieur, Rechtsanwalt, Chirurgen, Bankier oder Zahnarzt zollt man als dem Fachmann Aufmerksamkeit. Weshalb? Wegen der Ausbildung, die er besitzt? Zum Teil; aber es gibt etwas viel Entscheidenderes. Hinter Ausbildung und Berufsdisziplin steht eine weitgehende Übereinstimmung in den Leitprinzipien.
.. Hier liegt der Konflikt. Einerseits erheben Sie den Anspruch auf berufliche Disziplin, andererseits auf die Vorrechte des individuellen Künstlers. Sie stehen vor der Wahl – die Wahrscheinlichkeit, gehört zu werden, auf der einen Seite, die Freiheit des Künstlers, sich selbst auszudrücken, auf der anderen.
C. Northcote Parkinson, ›The Corporation and the Designer‹, Aspen Conference on Design, 1960

›Architektur ist Organisation. Sie sind ein Organisator! Kein Reiß-
brettartist.‹
Le Corbusier, ›If I Had to Teach You Architecture‹, in: ›Focus‹,
1938

Umweltgestaltung kann nur dann Erfolg haben, wenn sie den
entscheidenden Bedürfnissen unserer Zeit entspricht. Das bedeutet, daß sie die Probleme lösen muß, die durch die oft sinnlose
Mobilität entstehen, durch die nie aussetzenden Laute und Geräusche der Kommunikationsmittel und Maschinen und durch die
Zerstörung der (früheren Kulturen selbstverständlichen) Ruhe
und Unabhängigkeit.
Die Überflußgesellschaft zieht es vor, diese Mißstände zu ignorieren und sich wie der Vogel Strauß in Mythen zu vergraben, die
die Illusion des eigenen Komforts und Wohlergehens aufrechterhalten – gleichgültig gegenüber einem möglichen, verhängnis-
vollen Zusammenbruch. Gleichzeitig nimmt sie den ständigen
Mangel an selbständiger Tätigkeit hin, an Ruhe, Einsamkeit und
eigenständiger Erfahrung, als ob dieser Verlust unvermeidlich
wäre. Sie mißachtet die möglichen Vorteile, die ihr entgehen. Was
wie Apathie aussieht, ist oft die Verwirrung über bloße Quantität.
Der Produktionsprozeß der industriellen Gesellschaft hat sich in
neuester Zeit wesentlich verändert. Aber Architekten und Designer haben die Veränderung kaum mitvollzogen; keine Gruppe
von Spezialisten in unserer Kultur nimmt so gern Zuflucht zu Ge-
meinplätzen. Niemandem fiel es leichter, sich in das geschäftige
Marktplatztreiben zu mischen, während er vorgab, im Forum zu
sprechen.
Früher bemühte sich die Architektur um den Ausdruck der erha-
bensten Bestrebungen des Menschen. Sie war ausschließlich eine
Sache der Künstler-Wissenschafter. Seit die Architektur gezwun-
genermaßen auch die Verantwortung für komplizierte Installa-
tionsarbeiten übernehmen mußte, wurde sie auch Sache der Mechaniker, und sie schließt noch umfassendere Probleme ein.
Unter dem Dach von Städtebau und Architektur versammeln sich
heute Wirtschaftswissenschafter, Demographen, Verkehrsexper-
ten, Bauunternehmer, Bau- und Betriebsingenieure, Landschaftsarchitekten, Landnutzungsspezialisten, Rechtsanwälte, Industrie-
designer, Dekorateure und Geschäftsleute ebenso wie Künstler.
In fruchtlosem Konservatismus versuchen die Schulen für Gestaltung die Tradition aufrechtzuerhalten, durchschnittlich begabte
Studenten in Universalgenies ersten Ranges zu verwandeln – all
jährlich einer Schar Leonardos den akademischen Grad zu verleihen. Dies macht aus Nichtskönnern anmaßende Pseudokünst-
ler und behindert unsere besten Talente in ihrer Entwicklung,
denn sie lassen sich nicht nach konventioneller Manier in be-

queme Schemata einordnen. Bald werden die Fachschulen vermutlich über bessere Mittel zur Auswahl geeigneter Kandidaten verfügen, und die Begabungen werden in jeder Klasse ausgeglichener sein. Aber die Definition des Wortes ›Gestaltung‹ bleibt ambivalent: Ist sie Kunst, Beruf oder Geschäft? Schulen für Gestaltung sind veraltet, weil sie das traditionelle Bild der professionellen Integrität und einzigartigen Fähigkeit des ›Architekten‹ zu verewigen suchen, der seinen ›kultivierten‹ und besonderen ›Kunden‹ leitet. In Wahrheit aber muß sich der Kunde ebenso wie der Architekt weitgehend auf komplexe und verschiedenartige Fähigkeiten und Informationen anderer Spezialisten verlassen.

Das Problem wird verstärkt, weil auch der Beruf des Architekten, wie er heute verstanden wird, allmählich veraltet. Und das wird solange andauern, wie die Forderung aufrechterhalten wird, daß die Schulen den unmittelbaren praktischen Zwecken der Architekten dienen sollen. Professionelle Architekten und Designer verlangen Kontinuität der Einstellung, des Interesses, der Fähigkeiten und der praktischen Zweckmäßigkeit. Sie sind grundsätzlich konservativ. Die Schulen für Gestaltung dagegen sollen ihrer Bestimmung nach lehren, forschen und weit in die Zukunft denken. Ihr Interesse ist dem der Berufsarchitekten genau entgegengesetzt. Ihre Funktion besteht in der Vertiefung und Erweiterung des gesamten Bereiches, ohne in übertriebener Weise die unmittelbare Praxis zu berücksichtigen. Berufsarchitekten aber obliegt es, die Architekturschulen zu inspizieren und zu akkreditieren, aus denen sie sich dann ihre Assistenten und häufig auch ihre Inspirationen holen.

Die Bedürfnisse der Umwelt ändern sich schnell, und die Veränderungen erfordern, daß der Architektenberuf sich den neuen Bedingungen anpaßt und dem Akzelerations-Zyklus des Veraltens Rechnung trägt. K. Lönberg-Holm und G. Theodore Larson haben das Leben eines Objekts beschrieben, das mit dem Augenblick beginnt, in dem ein neues Problem nach einer neuen Form verlangt, und mit der Eliminierung des Objekts endet, indem es durch ein anderes ersetzt wird, das der Aufgabe besser entspricht. Der Zyklus besteht aus sechs Stadien: Forschung, Gestaltung, Produktion, Verbreitung, Verwendung und Eliminierung. Ein ähnliches Diagramm des Entstehens und Vergehens der vom Menschen geschaffenen Dinge, von Frederick Kiesler, ist am Ende des 10. Kapitels abgebildet. Das Prinzip läßt sich auf Gedanken ebenso anwenden wie auf Dinge.

Die bekannten Einflüsse, die auf die physische Umwelt wirken, müssen in regelmäßigen Abständen genau untersucht und in ihren Konsequenzen für die Form durch planmäßige Forschung ständig neu berücksichtigt werden. Erst dann kann die systematische Planung ihre eigentliche Funktion für die Formgestaltung voll erfüllen.

Die Analyse des Wachstums der organischen Form als eines kontinuierlichen Prozesses – bisher eine Nebenaufgabe des Designers – könnte erweitert werden, um vielerlei typische Situationen zu erfassen. Die Analysen selbst müßten periodisch überprüft werden, und neue Analysen wären anzufertigen, um auf dem laufenden zu bleiben. Der Zweck dieser Analysen würde dem der technischen Datentabellen entsprechen, die heute allgemein verwendet werden.

Es ist bemerkenswert, daß die Großen der modernen Architektur, Frank Lloyd Wright, Walter Gropius, Mies van der Rohe und Le Corbusier, wegen ihrer programmatischen Erklärungen ebenso bewundert werden wie wegen ihrer künstlerischen Leistungen als Formschöpfer. Ihre Überlegungen, ihr Suchen nach dem, was die Form sein will, wie Louis Kahn es ausdrückt, sind oft genauso erregend wie die endgültige architektonische Lösung.

Im Werk großer Männer bildet die Problemstellung einen wesentlichen Bestandteil des Schaffensprozesses, sie ist ebenso wichtig für die Entwurfsarbeit wie der physische Ausdruck von Struktur und Gestalt. Unbedeutendere und unsicherere Männer, denen ihre Ideen nicht als ›Eingebung‹ zufliegen, müssen sich um Begriffe bemühen und neue Werkzeuge erfinden, um neuen Bedürfnissen ganz bewußt entgegentreten zu können. Systematische Planung muß an die Stelle der alten Methode des Ausprobierens treten. Die gigantische Aufgabe, der sie sich gegenübersehen – die Gestaltung unserer Umwelt – zwingt die Designer dazu, die menschliche Umwelt als ein umfassendes und einheitliches Aktionsfeld zu begreifen.

Der Designer muß lernen, technologische Veränderungen auch im Licht von bekannten wissenschaftlichen, sozialen und technischen Tatsachen außerhalb seines Fachbereiches zu sehen, die einen indirekten Einfluß auf seine Arbeit haben können. Er muß lernen, die weitgehend ›unsichtbaren‹ Faktoren abzuwägen, die sich bei näherer Untersuchung meist als die erweisen, die von größter Bedeutung für die physische Form sind.

Form ist Struktur gewordener Ausdruck einer Notwendigkeit, sie ist das Endprodukt eines Reaktionsprozesses, der die Antwort auf einen Zwang darstellt. Die Beziehung zwischen Notwendigkeit oder Zwang und Endprodukt oder Form ist manchmal direkt und unmittelbar klar und erfordert relativ einfache technische Mittel. Unter solchen Bedingungen spiegelt jede Form den Zwang wider, dem sie ihr Dasein verdankt; entsprechend kann man beurteilen, ob die Form in Struktur und Funktion angemessen ist, ob sie stimmt.

Kräfte haben ein charakteristisches Feld, und eine gute Form entspricht dem Feld so, als bildete sie den neutralen Punkt im Vektorfeld der Kräfte. In der heutigen industriellen Gesellschaft liegen einfache Dinge neben höchst komplexen. Mit der Entwicklung der Kultur und der Naturwissenschaft und Technik ändert sich die Struktur der Bedürfnisse immer schneller. Die Folge ist, daß Formen schnell funktionslos werden und veralten. Das alte Sprichwort des Handwerks, Form sei das Ergebnis individueller Geschicklichkeit und Erfahrung, gilt nicht mehr. Ebenso zweifelhaft ist, ob das Bild des Künstler-Architekten oder des Baumeisters noch einer Situation entspricht, die politisch, ökonomisch und technologisch äußerst komplex ist. Kein Produkt ist besser als das dahinterstehende Programm. Wenn der Formgebungsprozeß veraltet, hat auch die Form selbst keine Lebenschance.

Der erste Schritt im Gestaltungsprozeß besteht in der genauen Abgrenzung von Kräften und Bedürfnissen, die die Form widerspiegeln soll. Die Aufgabe des Designers besteht darin, Ordnung zu schaffen: einander widersprechendes Material zu organisieren und eine Form herauszubilden. In unserer Zeit wird es selbst für die begabtesten und aktivsten Designer immer schwieriger, ihre Intelligenz und ihr Talent auf allen Ebenen für dieses Ziel einzusetzen.

Die Probleme sind über die Fähigkeiten eines einzelnen Individuums hinausgewachsen. Die Gesellschaft muß Mittel und Wege finden, um die begrenzte Fähigkeit des Designers zu erweitern, und muß es ihm ermöglichen, sich desto intensiver den Problemen zu widmen, für deren Lösung er qualifiziert ist. Indem er die Aufgabe in mehrere Stufen zerlegt, vervielfacht er seine Organisationsfähigkeit in fast derselben Weise, wie der Mensch seine physische Leistungsfähigkeit vergrößert. Die Kraft eines einzelnen Menschen ist begrenzt; aber wenn er etwas ausführen muß, das direkt zu tun er nicht stark genug ist, kann er versuchen, das Ziel stufenweise zu erreichen. So wird er auf der ersten Stufe etwa seinen Geist anstrengen, einen Hebel herzustellen; auf der zweiten Stufe kann er dann ein großes Gewicht heben. Auch Gestaltungsprobleme lassen sich besser stufenweise lösen als auf einmal.

Damit die Methode erfolgreich ist, muß die architektonische Gestaltung sich auf der ersten Stufe mit dem Problem selbst beschäftigen. Das Problem so klar zu definieren, daß die Bestimmung selbst zum Hebel seiner Lösung wird, ist das wirkungsvollste heuristische Prinzip des Designers.

Techniken der Gestaltung können jedoch Überzeugung und Engagement nicht ersetzen. Dies muß in einer Zeit betont werden, in der man leicht einer allzu einfachen Wissenschaftsgläubigkeit verfällt. Es genügt nicht, daß der Designer Formen produziert, die einem hohen Leistungsstandard entsprechen. Er hat soziale, technische und künstlerische Verantwortung und muß daher, wenn notwendig, bereit sein, Prinzipien zu folgen, die zuvor nicht erprobt worden sind. Ein solches Engagement ist nicht weniger wertvoll, weil es Ausdruck persönlicher Überzeugung oder, wie

es manchmal ausgedrückt wird, ein Vorurteil ist. Denn es ist doch das Vorurteil eines befähigten und begabten Individuums, das in der Lage ist, die Aspekte seiner Kultur zu erkennen, die in der Form widergespiegelt werden müssen.
Jeder Designer muß so engagiert an seine Aufgabe sein, um die Spannungen und Mißstände in seiner Kultur feststellen zu können, die in den bisherigen Formen nicht materialisiert waren. Und erst wenn er sie identifiziert hat, kann er beginnen, zu untersuchen, welche alten und welche neuen Probleme für seine Gestaltung bedeutungsvoll sind.
Die Grundüberzeugung des Designers muß allerdings rational begründet sein und nach einem klaren Plan für die Umweltgestaltung streben. Die Kunstgriffe von Pseudo-Künstlern und der ›entsetzlich gute Geschmack‹ des Marktes, um einen Ausdruck John Betjemans zu verwenden, richten – das ist offenbar geworden – nichts aus.
Der Rückgriff des Designers auf seine eigene schöpferische Freiheit ist vielleicht ein verzweifelter Versuch, dem Humanismus wieder Geltung zu verschaffen, den der Mensch zu verlieren droht, während er in Naturwissenschaft und Technik Fortschritte macht. Aber in der Praxis scheint diese Haltung leider zu wenig mehr zu führen als zu dekorativen Formen, die die neuen Probleme ungelöst lassen.
Der Designer muß sich mit den Tatsachen der Wissenschaft und Technik auseinandersetzen. Von seiner Fähigkeit, die Technik bis an ihre äußerste Grenze auszunutzen, hängt die Wiedererweckung des Humanismus ab. Größtes Hindernis für eine Verbesserung des Gestaltungsstandards ist die Rückständigkeit der Designer selbst. Das Chaos unserer Städte und das niedrige Qualitätsniveau vieler moderner Bauwerke sind Zeugen der hartnäckigen Weigerung, die Komplexität der modernen Technik und ihre Konsequenzen anzuerkennen und den Gestaltungsprozeß demgemäß zu reorganisieren. Denkmal und Hundehütte tragen gleichermaßen den erschreckenden Stempel selbsternannter Genialität – oder offenkundiger Unfähigkeit; und mit der gleichen Sorglosigkeit entstehen beide auf Grund eines Telefonanrufes.
Ein ständig wachsender Forschungsapparat liefert ununterbrochen Informationen – Fakten, Ziffern, Untersuchungen – und Möglichkeiten, die für jede Formgebung berücksichtigt werden sollten. Um dieses Ziel zu erreichen, müssen dem Designer Daten und Spezialisten nicht nur zur Verfügung stehen, sondern er muß auch fähig sein, mit ihnen zu arbeiten, sie zu organisieren, Probleme und Prinzipien präzise zu formulieren und aus vielschichtigen, komplexen Sachverhalten ein einheitliches Ganzes zu entwickeln.
Aber andere Disziplinen koordinieren zu wollen und dabei eine Privatsprache zu sprechen, ist unmöglich. Fachleute anderer Ge-

biete werden anerkannt, weil sie erklären können, was sie tun. Der professionelle Architekt sucht für gewöhnlich den Respekt der anderen dadurch zu erlangen, daß er seinen Beruf mystifiziert und sich auf sein eigenes Genie beruft.

Im zweiten Teil dieses Buches sollen die vordringlichen Probleme der Stadt und ihrer Gestaltung in verständlichen Begriffen behandelt werden, um eine vernünftige Diskussion zu ermöglichen. Nichts, das wir sagen, verlangt schon deshalb Beachtung, weil es der Untersuchung eines Fachmanns entspringt. Unsere Vorschläge sollten durch ihre Zielrichtung und Zweckmäßigkeit überzeugen. Sie sind konkret genug, um jedem, der unserer Argumentation folgt, die Möglichkeit zum Mitdiskutieren zu geben.

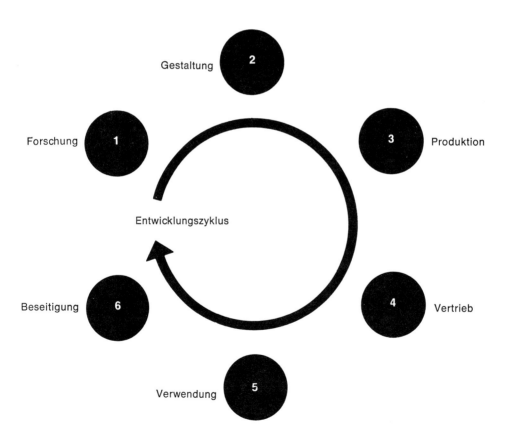

Entwicklungszyklen (K. Lönberg-Holm und C. Theodore Larson)

Teil II
Städtisches Wohnen

9 Anatomie des Urbanismus

Die Feinde der Urbanität
Der Wert der Abwechslung
Die Geschlossenheit der Bereiche
Die hierarchische Ordnung
Die sechs Bereiche der Stadt
Das Organische historischer Bauten
Das moderne Raumchaos
Die Un-Straße
Der allzu offene Innenraum

›Der Stufenbau des Organismus ist ein Einzelfall eines Ordnungssystems, das nicht nur auf biologischem, sondern auch auf psychologischem und soziologischem Gebiete weit verbreitet ist und als hierarchische Ordnung bezeichnet werden kann. Derartige Leistungssysteme, wie etwa das der Knochen, Muskeln und Innervierung, sind nur im Zusammenhang verständlich.‹
Ludwig von Bertalanffy, ›Das biologische Weltbild‹, Band 1, 1949

›Im kommenden biotechnischen Zeitalter, das Lewis Mumford als nächstes prophezeit hat, erfordern die Kriterien der Design-Kritik gründliche physiologische Kenntnisse.‹
Richard J. Neutra, ›The Adaption of Design to the Metropolis‹, in: ›The Metropolis in Modern Life‹, 1955

›Der Grundriß ist der Erzeuger.
Ohne Grundriß Unordnung, Willkürlichkeit.
Der Grundriß trägt in sich das Wesentliche der Reizwirkung auf die Sinne.
Die großen Probleme von morgen, diktiert durch die Bedürfnisse der Gesamtheit, werfen aufs neue die Grundrißfrage auf.
Das moderne Leben verlangt und erwartet einen neuen Grundriß für das Haus wie für die Stadt.‹
Le Corbusier, ›Kommende Baukunst‹, 1926

Im ersten Teil haben wir zu zeigen versucht, daß das Gleichgewicht des modernen Lebens gerade durch die Faktoren der Umwelt zerstört wird, die die größten Illusionen von Komfort und Annehmlichkeit vorspiegeln. Der zivilisierte Mensch ist so an die Vorteile des Autos, des Funks und der Mechanisierung überhaupt gewöhnt, daß er die dadurch verursachten vielfältigen Schäden nicht einmal wahrnimmt.
Die Form der Wohnstätte muß den Bedingungen der modernen Kommunikationsmittel entsprechen. Aber wie wir gezeigt haben, ist die Wohnung der neuen mobilen Hör- und Seh-Gesellschaft veraltet. Sie löst weder Verkehrs- noch akustische Probleme; und während sie uns zwar einen Standard von mechanischem Komfort und Bequemlichkeit liefert, ignoriert sie vollkommen das Bedürfnis nach Varietät im täglichen Leben.
In alter Zeit bestand die Tätigkeits-Varietät, wie sie für ein ausgewogenes Leben nötig ist, aus Kämpfen auf Leben und Tod, die mit Rückzügen ins Versteck abwechselten. Diese unmittelbaren Erlebnisse sind heute weitgehend dadurch ersetzt, daß man den Handlungen anderer zuschaut, und erholsame Ruhe erlangt man durch Beruhigungsmittel.
Es ist möglich, daß die durch die Automation angewachsene Freizeit sinnvoll genutzt wird. Aber wie die Dinge liegen, sieht es eher

so aus, als ob die Initiative des einzelnen noch weiter verkümmerte. Selbst der Verkäufer- oder Bergarbeiterberuf wird im Verlauf der Automation verschwinden und wie andere altehrwürdige Berufe in totale Vergessenheit geraten.

Abwechslung wird bereits synthetisch erzeugt; sie ist ausgeklügelt und kaum mehr natürlich vorhanden. Echte Abwechslung kann nur wiederentstehen, wenn sich jede Form der Erfahrung selbständig unter besonderen, klar bestimmten und sogar physisch isolierten Bedingungen entwickeln kann. Ohne solche Gliederung und Organisation wird die menschliche Erfahrung chaotisch oder zumindest fragmentarisch und unausweichlich langweilig.

Solche Gedanken legen es nahe, den Urbanismus im Rahmen der vom Menschen geschaffenen Umwelt auf zwei Ebenen zu organisieren. Zunächst müssen die zahllosen Arten der Erfahrung in klar gegliederte und zweckdienlich aufgebaute physische Zonen übersetzt werden. Dann müssen die einzelnen Zonen gemäß ihrer Wirkungsintensität in Hierarchien nach Größe und Qualität geordnet werden.

Unsere erste These – daß jeder Aktivität eine eindeutige physische Zone zugeordnet sei und daß jede Zone durch strukturelle Klarheit und Abgeschlossenheit die Aktivität, für die sie entworfen wurde, begünstige, verstärke und unterstütze – ist seit langem anerkannt. Einige Beispiele sollen ihre Grundzüge wieder ins Gedächtnis rufen. Bereits im 16. Jahrhundert plante Leonardo da Vinci für die ideale Stadt eine Separierung von Fußgängern, Reitern, Fahrzeugen bzw. Schiffen auf drei verschiedenen Ebenen.

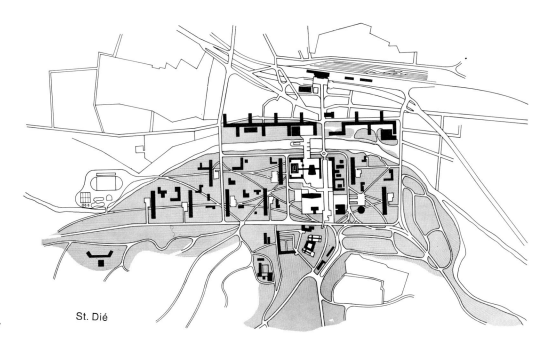

St. Dié

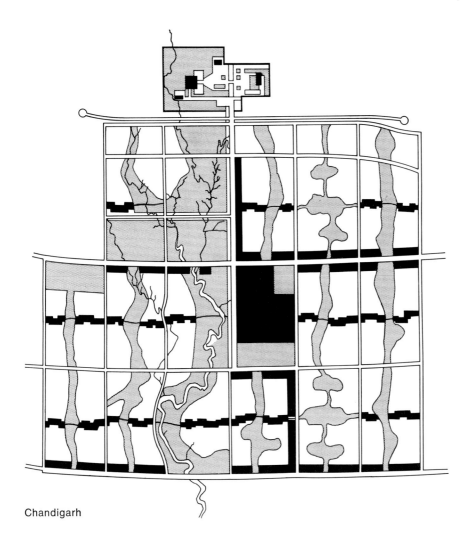

Chandigarh

Olmsted sah in seinem Entwurf des Central Parks von 1880 die Notwendigkeit voraus, verschiedene Arten des Verkehrs zu trennen: Fußgänger, Reiter und Fahrzeuge erhielten jeweils eigene Wege und abgeschlossene Verkehrsbereiche. Die Funktionstrennung ist auch in Tony Garniers Plan für ›La Cité Industrielle‹ enthalten; ebenso in Patrick Geddes' Slogan ›Wohnen, sich erholen, arbeiten‹, der 1933 in die autoritative Athener ›Charta des Congrès Internationaux de l'Architecture Moderne‹ (CIAM) aufgenommen wurde. Die Charta beschreibt die Notwendigkeit, Funktionen zu trennen, und fordert eine klare Organisation der Arbeits-, Wohn-, Erholungs- und Verkehrsbereiche innerhalb der Stadt. Dieses Organisationsprinzip ist heute allgemein als grundlegendes Prinzip der Städtebauplanung anerkannt.

Das Prinzip einer auf Zoneneinteilung beruhenden Stadtplanung hat niemand besser erläutert als Le Corbusier. Seine prophetischen Ideen für den Urbanismus waren Inspiration für alle nachfolgenden Designer.

Sein erster selbständiger Essay von 1922 propagierte den Plan einer ›Ville Radieuse‹, welcher der mobilen industriellen Gesellschaft mit ihrer extrem hohen Bevölkerungsdichte zum erstenmal durch eine Hochhaus-Metropole gerecht zu werden suchte.
Nach dem Zweiten Weltkrieg erhielt Le Corbusier den Auftrag, einen Plan für St. Dié, eine kleine Industriestadt, zu entwerfen, die von deutschen Bomben zerstört worden war. Der Plan wurde nie ausgeführt. Aber auch hier waren Behördenviertel, Wohn- und Industriegebiete und Beförderungssysteme klar aufgegliedert.
Für Chandigarh, die seit 1953 im Bau befindliche neue Hauptstadt des Pandschab, setzte Le Corbusier in seinem Meisterplan die verschiedenen Stadtbereiche noch mehr voneinander ab, und er verstärkte besonders die Trennung der beiden Hauptzirkulationssysteme der Fahrzeuge und Fußgänger.
Unsere zweite These – die der hierarchischen Ordnung – ist weniger allgemein anerkannt. Neuerdings haben die erweiterten Spektren von Geschwindigkeit und Mobilität Fragen in bezug auf den menschlichen Maßstab aufgeworfen und die Notwendigkeit deutlich gemacht, die Beziehungen von Mensch und Umwelt hierarchisch zu ordnen.
Zu dieser These hat Louis Kahn die Analogie von Verkehrsstruktur und Hierarchie beigetragen: Flüsse, Häfen, Kanäle, Docks.
Ähnliche Einstellungen zu Planungsproblemen könnten auch Hierarchien neuer Art entwerfen, die nicht nur auf der wachsenden Mobilität, sondern auf der neuen Ausdehnung der Kommunikationsmittel beruhen. Zweifellos können auch andere Aspekte der Umwelt mit der Zeit hierarchisch geordnet werden. Wir sind auf Grund wissenschaftlicher Resultate davon überzeugt, daß die hierarchische Ordnung ein entscheidendes Kennzeichen jeder komplexen Struktur ist – sei sie natürlicher oder technischer Art –, und daß sie deshalb auch mit dem städtischen Problem der modernen Welt eng zusammenhängt.
An diesem Punkt der Argumentation ist es zweckmäßig, die alten, sehr allgemeinen Zonenkategorien mit ihren Funktionen und Bereichen zu untergliedern, so daß vielleicht andere Bereiche und Hierarchien sichtbar werden.
Wir beschäftigen uns besonders mit den Aspekten der Stadtgliederung, die in direktem Bezug zum Privatbereich stehen. Unser grundsätzliches Interesse gilt der Sicherung jener Räume, die die unmittelbare menschliche Erfahrung ermöglichen. Aber die Wörter ›Raum‹, ›Zone‹ und ›Bereich‹ sind zu abstrakt, um die Vorstellung einer physischen Wirklichkeit zu vermitteln. Vor einer detaillierten Analyse der Stadtgliederung müssen wir unsere Grundhaltung in Begriffe fassen, die sich in soziale, physische, funktional verständliche und leicht vorstellbare Räume übersetzen lassen.
Die städtische Hierarchie der Räume oder Bereiche für die Ge-

meinschaft und den einzelnen zerfällt, grob betrachtet, in sechs Zonen. Es sind:

Der städtisch-öffentliche Bereich: Räume und Einrichtungen in öffentlichem Besitz – Autobahnen, Straßen, Wege, städtische Parks.

Der städtisch-halböffentliche Bereich: besondere Gebiete zur öffentlichen Benutzung unter der Kontrolle von Regierung und Institutionen – Rathäuser, Gerichte, Volksschulen, Postämter, Krankenhäuser, Verkehrsmitteldepots, Parkplätze, Garagen, Großtankstellen, Stadien, Theater.

Der Bereich öffentlicher Gruppen: das Berührungsfeld öffentlicher Dienstleistungen und Einrichtungen mit dem Privateigentum, mit gemeinschaftlicher Zugänglichkeit und Verantwortung – Postzustellung, Müllabfuhr, Überwachung der Gas-, Wasser-, Stromversorgung, Zugang zu Löschgeräten oder Rettungsgeräten für andere Notlagen.

Der Bereich privater Gruppen: Gebiete des Wohnbereiches unter einer Verwaltungskontrolle, die im Namen privater oder öffentlicher Interessen zugunsten der Mieter oder anderer rechtmäßiger Benutzer ausgeübt wird – Eingangshallen, Verkehrs- und Service-Räume; Gemeinschaftsgärten, Spielplätze; Wäschereien; Abstellräume usw.

Der familiär-private Bereich: Räume innerhalb des Privatbereiches einer Familie, die gemeinschaftlichen Tätigkeiten dienen, wie Essen, Unterhaltung, Hygiene und Instandhaltung.

Der individuell-private Bereich: das eigene Zimmer, der abgeschlossene Privatraum, in den sich der einzelne vor der Familie zurückziehen kann.

Diese Studie wird sich auf den privaten Gruppen-Bereich beschränken, und auch innerhalb dieser Begrenzung nur bestimmte Komponenten im Detail diskutieren. Die Städteplaner scheinen sich zur Zeit besonders mit Einrichtungen des Gemeinschaftslebens wie Parks, Spielplätzen und Versammlungsorten zu beschäftigen, daher werden wir uns statt dessen auf die relativ vernachlässigten Aspekte der Privatsphäre konzentrieren.

Kulturen der Gegenwart und Vergangenheit, in denen die Dichotomie oder Trennung des Öffentlichen und Privaten nicht durch komplexe Verhältnisse verdeckt wurde wie in der modernen industriellen Gesellschaft, zeigen in klarer physischer Struktur die Notwendigkeit, verschiedene Grade des Privatlebens zu unterscheiden und die Abgeschlossenheit der entsprechenden Bereiche zu sichern. Auf verschiedenen Entwicklungsstufen gibt uns die Geschichte Beispiele einer hierarchischen Anordnung des Raumes:

Die Farmen der Musgu in Kamerun sind am Modell der frühen nomadischen Zeltlager orientiert. Es sind stets verteidigungsbereite, konisch geformte Lehmbauten, die durch die Einwirkung

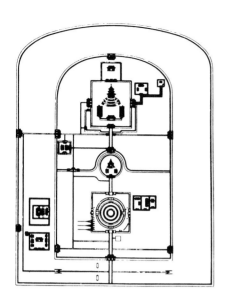

Kloster, China

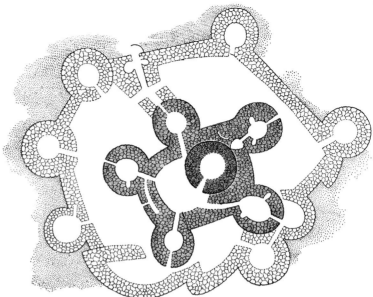

Festung, Sardinien

der Sonne keramikartig gehärtet sind, umgeben von einer kreisförmigen Mauer aus demselben Material. Vom Eingang bis zum Bereich des Häuptlings und den Unterkünften der Frauen ist die Siedlung in zunehmend privatere Bereiche sorgfältig gegliedert.

Die Nurhags sind Zitadellen auf Sardinien, die aus dem 8. Jahrhundert v. Chr. stammen. Die Fortezza d'Orrolli ist ein vollkommenes Beispiel für eine gestaffelte Befestigung in drei konzentrischen Stufen: Der zentral gelegene Turm wird zunächst von einem fünfeckigen und dann von einem größeren, ungefähr acht-

Siedlung, Kamerun   Tempel, Kambodscha

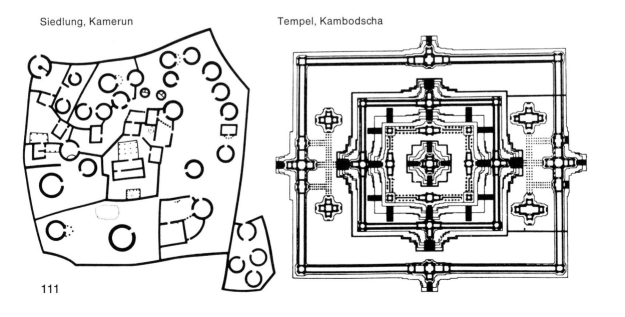

111

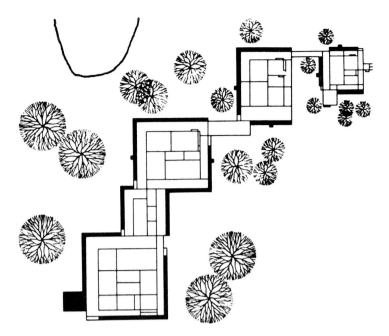

Palast, Japan

eckigen Festungswerk umgeben. Die Gliederung und Bedeutung der Festung, die sich stufenweise aus den kahlen Bergen erhebt, muß jedem sofort deutlich gewesen sein.

Baphuon, ein in den Jahren 1050–1066 gebauter Tempel der Khmer, ist ein bemerkenswertes Beispiel für eine aus den Verhältnissen erwachsene Anlage, die entworfen wurde, um – bei der einzig möglichen Annäherung über den umgebenden Wallgraben – die Illusion einer vollkommenen Pyramide hervorzurufen. Die Wiederholung von Motiven und Baukörpern vom Wasserspiegel an aufwärts in drei regelmäßig anwachsenden Terrassen ist so vollkommen geplant und ausgeführt, daß der Betrachter beim Ein-

Palast, Italien

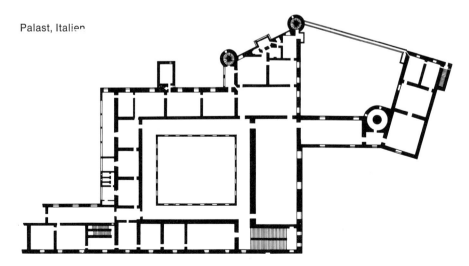

treten trotz der großen horizontalen Dimension sofort die emporstrebende Pyramide sieht.

Das buddhistische Mönchskloster in Peking ist eine religiöse Hierarchie. In einem größeren, von einer Mauer umgebenen Park liegt ein kleinerer, der innere Tempelhof. Der Pilger nähert sich dem großen Marmoraltar durch eine Reihe von gezielt geplanten räumlichen Ereignissen: Variationen über die Themen Kreis und Quadrat, die sich nach Anordnung und Ausmaßen unterscheiden. Sie sind durch schmale Prozessionswege verbunden, die in Tordurchgängen enden, den kontrapunktischen Übergangspunkten.

Der japanische Palast ist unmittelbarer Ausdruck eines Planes, der für eine soziale Hierarchie entworfen wurde. Der Eingang zum königlichen Bereich, ganz von einer Mauer umschlossen, ist von großen Höfen flankiert und führt in die ersten drei Pavillons für höfische und zeremonielle Feiern. Neben ihnen liegen die beiden privaten Pavillons der Residenz, die sich zu einem großen Lustgarten öffnen. Die Architektur ist eine durchsichtig gegliederte Hierarchie von Konstruktionen und komplementären Außenräumen.

Der frühe Renaissance-Palast in Urbino in Mittelitalien, erbaut von Federigo da Montefeltre, dem zweiten Herzog, ist ebenfalls in drei klar umgrenzte Zonen gegliedert: den Eingangskomplex mit den Unterkünften der Wache, die großen Empfangsräume rund um den Haupthof und die inneren herzoglichen Räume, nach rückwärts durch einen Abgrund geschützt und mit Zugängen, die von Verbindungsstücken für die Verteidigung gesichert sind.

So entsteht eine Folge von drei Funktionen: Sicherheit, Zeremonie und Privatleben. Die meisten Wohnungen unserer heutigen Zivilisation haben nicht diese Klarheit der inneren und äußeren Gliederung.

Die Schwächen der äußeren Gliederung entspringen weitgehend einer irrationalen Anhänglichkeit an das Ideal des Landhauses, das unmöglich zu verwirklichen ist. Die nah aneinander gebauten, freistehenden Vorstadthäuser sind eine Anomalie, ein Überbleibsel jener Zeit, in der die räumlichen Verhältnisse es noch ermöglichten, daß ein Haus wirklich frei stand. Damals boten die Entfernungen zwischen den Häusern eine wirksame Isolierung gegen Lärm, Fremde und die Ausbreitung von Feuer. Heute liegt um das Vorstadthaus nur noch der beim Bau übriggebliebene Raum – es ist ein überflüssiger, sinnloser Anachronismus.

Die dicht stehenden Pseudo-Landhäuser liegen akustisch und visuell zu nahe beieinander, um wirkliche Abgeschiedenheit zu gewährleisten. Die vorschriftsmäßige Baulücke ist als Feuerlücke nicht mehr sinnvoll, da es heute wirksamere Mittel der Feuerverhütung gibt und feuerbeständige Materialien größere Sicherheit garantieren.

Die dürftigen Räume zwischen den Häusern bedeuten Ärger und

Platzverschwendung. Das Seitenfenster, nur wenige Schritte von den Seitenfenstern des Nachbarhauses entfernt, ist nur ein optisches und akustisches Leck.
Ungeeignetheit und Platzverschwendung der Straße sind bereits bei der Darstellung der sich wandelnden Verkehrsstruktur erwähnt worden; es darf nicht übersehen werden, daß der ›Vordergarten‹ ebenfalls eine Verschwendung ist. Als eigentlich erweiterte Straße ist er vergeudeter Raum und nicht die Erweiterung des inneren Privatbereiches ins Freie, die zu sein er vorgibt. Er ist weder öffentlich noch privat. Über die zufällige Verteilung von Haus und Land – wahllos auf das Reißbrett des Architekten hingestreut – läßt sich nichts weiter sagen, als daß es unmöglich ist, ihre grundsätzliche Unordnung in eine funktionale Hierarchie einzugliedern, wie wir sie beabsichtigen.
Auf das unvermeidliche ›Aber ein gepflegter Vorgarten erfreut den Vorübergehenden‹ lautet die überzeugende Antwort, daß das nicht die einzige Möglichkeit ist, den ›Vorübergehenden‹ zu erfreuen. Zu den visuellen Freuden der städtischen Umwelt gehören auch gut gestaltete Wände, Fassaden und Zäune von aneinandergebauten Häusern gleich denen, die die Straßen, Plätze und Terrassen einer historischen Stadt wie etwa Bologna selbst für den Vorstadt-Touristen so erfreulich machen.
Viele der heutigen Mängel in der inneren Gliederung der Wohnung entspringen der ursprünglich lobenswerten Reaktion auf die Beengtheit der nachviktorianischen ›Villa‹. Die strukturell gesehen veralteten Innenwände des Pseudopalastes, der unter dem Zwang der Land- und Baukosten immer weiter zusammenschrumpfte, wurden abgeschafft. Die separierten kleinen Zimmer wurden durch einen durchgehenden, visuell großzügigen Raum ersetzt.
Die Möglichkeit, die Illusion von Weiträumigkeit innerhalb bescheidener physischer Dimensionen hervorzurufen, fasziniert noch immer. Die überwältigende Mehrheit der Architekten entwickelt weiterhin Variationen über das Thema des ›interessanten Raumes‹. Die Amerikaner haben sich so visuell ausgerichtet (wenn wir einer Behauptung Glauben schenken wollen, die durch das laute Geschrei der ›House-and-Garden‹-Leser bestätigt wird), daß sie ihren Gehörsinn und andere für das menschliche Wohlergehen wichtige Sinne verkümmern ließen.
Der Konflikt zwischen der modischen Vorstellung vom ›visuell interessanten‹ offenen Raum und den funktionalen Spezifikationen einer modernen Wohnung, die den Anforderungen des elektronischen Zeitalters gerecht wird, ist offensichtlich. Wer gegen akustische und andere Störungen empfindlich ist, sollte in Häusern aus früheren Zeiten wohnen, deren getrennte, isolierte Räume für das Leben mit dem heutigen Kommunikationswesen besser geeignet sind.
Uns interessieren nicht die eleganten ›Lusttempel‹, die für ganz

besondere Zwecke gebaut sind. Der wohlhabende Junggeselle, der zu Hause Kammermusik spielt, das kinderlose Ehepaar, das Kunstwerke sammelt oder zahllose Gäste empfängt, stehen hier nicht zur Diskussion. Diese Art von Architektur ist unserer Meinung nach für die Ansprüche einer durchschnittlichen Familie irrelevant. Billiger Eklektizismus und die persönlichen Verrücktheiten von Architekten, unterstützt durch die ästhetischen und romantischen Einfälle professioneller Designer, haben das grundsätzliche Überdenken der Probleme des Familienhauses verzögert.

Ein typisches viktorianisches Landhaus

Ein Miniatur-Herrschaftshaus mit einer Eingangshalle, die als Verbindung zwischen den Räumen für die Bediensteten und den Wohnräumen des Besitzers auf der Seite des Einganges dient. Das Eßzimmer ist in ähnlicher Weise auf der Gartenseite plaziert. Das Arbeitszimmer und ein anderer Raum sind vom übrigen Teil des Hauses durch das Gesellschaftszimmer getrennt. Die tragenden Wände jedes Zimmers geben jedem Raum eine individuelle, separate ›akustische Atmosphäre‹.

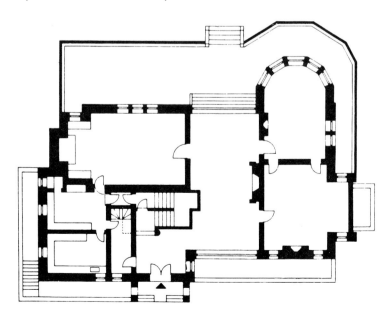

Willet-Haus. Frank Lloyd Wright, 1902
Der Plan behält die Abtrennung der Räume der Bediensteten bei, jedoch sind Eingang, Wohn- und Eßzimmer keine Zimmer, sondern Zonen eines einzigen Raumes mit wechselnden Ebenen und Größen.

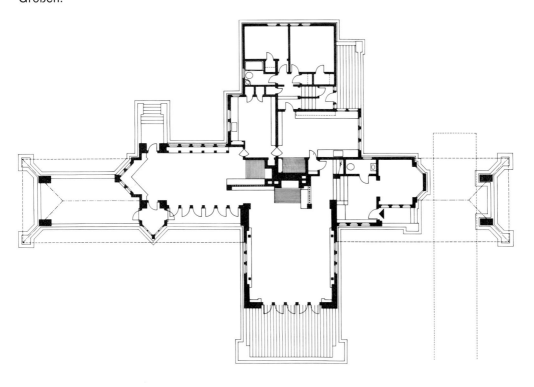

›Life‹ Familienhaus-Projekt. Frank Lloyd Wright, 1938
Der Grundriß des Erdgeschosses ist völlig offen; nur die Küche ist außer Sichtweite plaziert. Eingang, Eßzimmer, Wohnzimmer und Aufenthaltsraum sind – obwohl sie als Zimmer bezeichnet werden und durch Schiebewände abteilbar sind – in Wirklichkeit ein durchgehender Raum ohne Trennung.

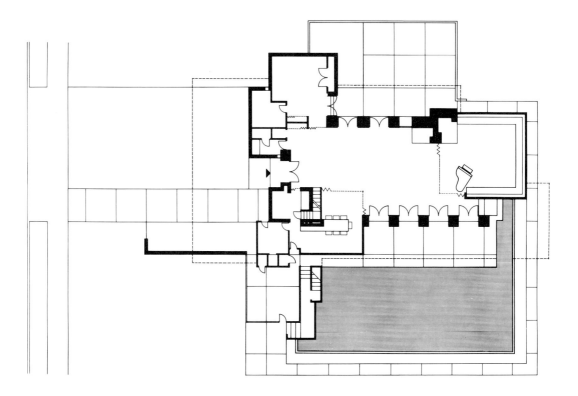

Deutscher Pavillon, Weltausstellung Barcelona.
Mies van der Rohe, 1929

Die erste vollkommene Verwirklichung eines kontinuierlichen Raumes, der durch freistehende Wände gegliedert ist und durch sie Richtung und Fluß erhält. Die Kontinuität des Raumes ermöglicht ungehindertes Fließen des Ausstellungsverkehrs.

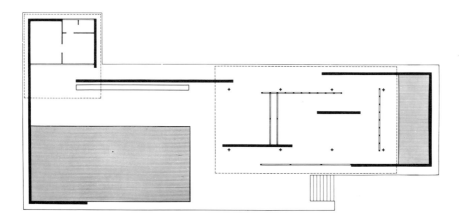

Haus für die Berliner Bau-Ausstellung. Mies van der Rohe, 1931

Das Prinzip des Barcelona-Hauses wird auf ein Wohnhaus angewandt. Freie Wände markieren Zonen, und indem sie über Dach und Scheiben hinausgehen, vereinigen sie Innen- und Außenraum.

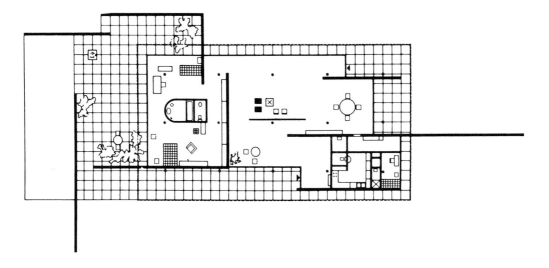

Fransworth-Haus. Mies van der Rohe, 1950

Das Haus, für einen einzelnen Bewohner entworfen, ist eigentlich ein ›offener‹ Pavillon. Das geschlossene Volumen der zusammenliegenden Wirtschaftsräume reduziert die Unterteilung des Grundrisses auf ein Minimum. Der Raum um das Innere erstreckt sich über die eigentliche Begrenzung hinaus in die umliegende Landschaft und wird zu einem integrierten Bestandteil der Umgebung.

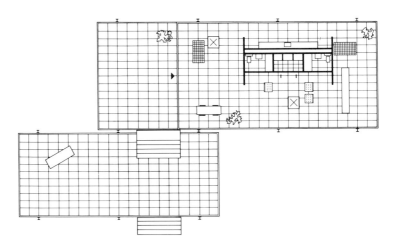

10 Die Hierarchien

Hierarchie des Urbanismus
Hierarchie der Kontrollen
Hierarchie der Technik
Hierarchie der Alterungsprozesse
Verordnungen und das Veralten
Hierarchie der Verbindungen

›Der Organismus‹ zeigt nicht nur eine morphologische Hierarchie der Teile, sondern auch eine physiologische der Prozesse. Genauer gesagt: Der Organismus stellt nicht eine einzige, morphologisch zu erschöpfende Hierarchie dar, sondern ein System vielfach in- und übereinandergreifender Hierarchien, die mit der morphologischen übereinstimmen können oder nicht.‹
Ludwig von Bertalanffy, ›Das biologische Weltbild‹, Band 1, 1949

Wenn man die Feststellung aus Kapitel 8 als gültig akzeptiert, so ist es einleuchtend, daß die Wohnung als organischer Bestandteil einer weiteren Umwelt aufgefaßt werden muß. Das Haus bildet genauso einen Teil der städtischen Anatomie wie das lebenswichtige Organ einen Teil des lebendigen Organismus – so z. B. die Lungen beim Säugetier –, und seine richtige Funktion hängt wie die aller anderen Teile des Organismus vom Zirkulations- und Kommunikationssystem ab.
Dieses allgemeine Bild sagt aber nichts über die spezifischen Bedingungen, die für ein besonderes Organ notwendig sind. Es sagt nichts über die Organgröße oder über die Anzahl seiner Einheiten. Ebenso bestimmt die allgemeine Forderung nach einer Privatsphäre nicht automatisch die Eigenschaften der verschiedenen Stadtbereiche, ihre Größe oder ihre Anzahl innerhalb der Hierarchie. Um die Bereiche näher zu umreißen, müssen die Hierarchien der Kontrollen, der Technik und des Alterungsprozesses untersucht werden.
Für jede Art von Kontrolle gilt annäherungsweise, daß ein Bereich um so besser kontrollierbar ist, je kleiner er ist. Nehmen wir z. B. die Kontrolle des Klimas. Die Kontrolle des Wetters auf makrokosmischer Ebene ist technisch noch nicht durchzuführen, und auch wenn dies zukünftig der Fall sein sollte, wird dies ungeheuer kostspielig sein. Riesige Investitionen an Maschinen, Energie und menschlicher Arbeitskraft sind erforderlich, um nur die Autobahnen von Schnee und Überschwemmung freizuhalten. Im mikrokosmischen Bereich aber kann man mit erträglichen Kosten immer mehr erreichen. Parkplätze von normaler Größe und Fußgängerwege können manuell oder maschinell gereinigt werden, Schnee kann man sogar schon durch Bodenerwärmung zum Schmelzen bringen. Kleinere Plätze können ganz umbaut, geheizt und mit Klimaanlagen versehen werden.
Dasselbe gilt für andere Arten der Kontrolle. Die visuelle Privatsphäre läßt sich in großräumigen Bereichen schwierig, in kleinen leicht realisieren. Am Strand gibt es keine visuelle Privatsphäre, es sei denn, man rechnet hierher die Leibesübungen von Badelustigen, die versuchen, sich hinter einem Handtuch zu entkleiden. In einem Haus hingegen ist man in einem innengelegenen, fensterlosen Badezimmer vollkommen unbeobachtet.

Jede Art von Kontrolle gehört zu einer natürlichen Hierarchie. Das Ausmaß der Kontrolle über das Klima z. B. variiert nicht ohne weiteres mit der Größe des kontrollierten Bereiches. Mit anderen Worten: Obwohl es gewöhnlich stimmt, daß ein Bereich um so weniger kontrollierbar ist, je größer er ist, so gibt es doch auch Stellen in der Hierarchie, an denen die Kontrolle bei Erweiterung des Bereiches sprunghaft abnimmt, und andere Stellen, an denen die Veränderung nur geringfügig ist. Der Unterschied in der Klimakontrolle zwischen 8000 qm großen und 16 000 qm großen Parkplätzen ist geringfügig. Weitaus beträchtlicher ist der Unterschied in der Klimakontrolle eines einzelnen Zimmers und eines ganzen Hauses. Während das Zimmer isoliert werden kann, ist das Haus für alle Arten von Verkehr offen, der es sehr viel weniger gut kontrollierbar macht. Hier liegt der kritische Punkt im Ordnungssystem der Klimakontrolle.

Wenn sich solche kritischen Punkte verschiedener Kontroll-Hierarchien ungefähr auf derselben Stufe einer Skala befinden, liegt es nahe, diese als Grenze eines physischen Bereiches aufzufassen. Ein einfaches Beispiel dafür ist ein Zimmer. Für ein Zimmer lassen sich Kontrollen über Klima, Verkehr, Schall, visuelle Privatsphäre usw. viel leichter durchführen als für eine größere Einheit, die mehreren Funktionen dient. Daher bildet das Zimmer eine natürliche Stufe in der physischen Hierarchie: eine Kontrolleinheit.

Bei der Definition solcher Hierarchien müssen wir sehr darauf achten, daß uns nicht landläufige Meinungen über dieses Thema irreführen. Wenn wir die Hierarchie der Schutzmaßnahmen bestimmen wollen und das Wort zu eng im Sinne überdachter Räume verstehen, übersehen wir die Tatsache, daß es viele Arten beweglichen Schutzes auf verschiedenen Stufen der Hierarchie gibt. Eine solche Form ist die Kleidung; sie ist kontrollierbar, ebenso wie der Schlafsack, ein beweglicher Schutz, der für Armeemanöver in nördlichen Gebieten erfunden wurde. Eine dritte Form, die eine andere Art der Kontrolle ermöglicht, ist das Auto, das heute die Verfeinerung und symbolische Bedeutung historischer ritueller Gewänder erlangt hat. Die Anwendung dieser Formen, die sich selbst wieder in anderen, unbeweglicheren Formen des Schutzes bewegen, beeinflußt offensichtlich die Bestimmung der Stufe in der Schutz-Hierarchie.

Einen anderen markanten Punkt in der physischen Hierarchie der Bereiche repräsentiert eine Gruppe mehrerer Wohnungen. Übereinander angeordnet, entlang einer Straße oder um Höfe herum – irgendwie sind Wohnungen ja gruppiert. Wie viele Wohnungen sollte eine Gruppe umfassen?

Die Antwort auf diese Frage hängt weitgehend von den Vorteilen ab, die sich für die gemeinsamen Aktivitäten ergeben. Verschiedene Einrichtungen werden bei verschiedenen Gruppengrößen optimal ausgenutzt. Einige Gegenstände sind vereinzelt am besten verwendbar, so z. B. ein Kochherd. Bereits für zwei Familien wäre ein gemeinsamer Herd unrationell, weil beide oft gleichzeitig darauf kochen wollen. Andererseits kann ein automatischer Wäschetrockner ohne weiteres von mehr als einer Familie benutzt werden, denn – ob es sich nun um den Waschraum eines Wohnblocks oder den Waschsalon um die nächste Ecke handelt – man kann seine Benutzung stundenweise über den Tag verteilen. So kann er zehn durchschnittlich großen Familien zugute kommen. Die Zahl der Parteien, die eine Wäschetrockeneinheit optimal ausnutzen, ist dann erreicht, wenn eine weitere Familie seinen Nutzeffekt schmälern würde.

Stellt man die Frage nach der optimalen Größe einer Wohngruppe unter dem Gesichtspunkt verschiedener technischer Zwecke, so wird man jeweils verschiedene Zahlen von Wohnungen erhalten. Bei etwa 20 Wohnungen kann für Heizsysteme mit flüssigen Brennstoffen das wirtschaftlichere Rohöl verwendet werden. Ebenso lohnt sich die Installation einer großen Klimaanlage erst bei mehr als 6700 cbm Luft – ein weiterer Fall, bei dem etwa 20 Wohnungen die günstigste Gruppengröße darstellen. Beide Einrichtungen übersteigen die Mittel einer Durchschnittsfamilie, wenn sie als selbständige Einheiten für eine einzelne Wohnung installiert werden. Die gemeinschaftliche Installation, welche Rentabilität bedeutet, macht also eine Gruppe von 20 Wohnungen zu einer weiteren Stufe der physischen Hierarchie: Denn diese Zahl macht verschiedene technische Einrichtungen am rationellsten. Die Hierarchie, die von der technischen Autonomie bis zur technischen Kollektivität reicht, entspricht fast genau der Hierarchie von der Privat- bis zur Gemeinschaftssphäre. Das ist verständlich, weil jedermann maximale Autonomie in seinem Privatbereich wünscht, während der Gemeinschaftsbereich die günstigste Möglichkeit für kollektive technische Vorteile bietet. Es wird nützlich sein, die verschiedenen Grade von Autonomie und Kollektivität zu bestimmen, die für eine technische Einrichtung erforderlich sind, weil dies bei der Bestimmung der Größen aufeinanderfolgender Bereiche helfen kann.

Der Abfall – überall vorhanden und nicht zu übersehen – ist ein geeignetes Beispiel. In unserer auf Erwerb ausgerichteten Gesellschaft haben wir ständig mit Waren in Dosen, Flaschen und anderen Verpackungen sowie mit einer großen Menge an Gedrucktem zu tun. Überall in den Straßen sieht man überlaufende Mülltonnen, die oft tagelang auf sorgfältig gepflegten Wegen stehen. Das stets vorhandene Müllproblem betrifft die einzelne, autonome Familie ebenso wie die kollektive Verwaltung und öffentliche Behörde. Die öffentlichen, halböffentlichen und privaten Bereiche treffen an der Mülltonne zusammen.

Wenn das ganze Problem unter dem Gesichtspunkt einer hierarchisch organisierten Hygiene angegangen würde, könnten Aufgaben auf verschiedene Bereiche verteilt werden. Die kombinierten Vorteile eines großen kollektiven Müllbeseitigungssystems und autonomer kleinerer chemischer und mechanischer Subsysteme wären eine Lösung des Problems. Das würde die Bestimmung der erforderlichen Größen benachbarter Bereiche wesentlich erleichtern. Aber bis das Problem der Müllbeseitigung und -verwertung gelöst ist, werden die 1,6 qkm Wald, die in jeder Sonntagsausgabe der ›New York Times‹ stecken, weiterhin wöchentlich für überladene Mülleimer in den vornehmsten Vorstädten sorgen.

Eine weitere Möglichkeit, die Beschaffenheit verschiedener Bereiche genauer zu bestimmen, ist die Rate des Veraltens von technischen Erfindungen. Technische Errungenschaften verändern sich und veralten verschieden schnell und aus verschiedenen Gründen. Keine der Folgerungen über den relativen Umfang der Bereiche, die auf technischen Überlegungen beruhen, haben allgemeine oder dauernde Gültigkeit.

Um ein Beispiel zu nennen: Gegenwärtig gelten 60 m als maximale Entfernung zwischen Wohnung und Auto – die Entfernung, die man mit einem Paket noch bequem zurücklegen kann. Dadurch ist der Radius für den öffentlichen Gruppen-Bereich festgelegt. Wenn aber die in Supermärkten bereits verwendeten Einkaufswagen auch innerhalb der Wohnbereiche in Gebrauch kommen, wird die 60 m-Grenze schnell fragwürdig, denn man kann einen Wagen ohne Anstrengung viel weiter schieben. Dann läßt sich der Radius des öffentlichen Bereiches der Gruppen verdreifachen. So können sich unter dem Einfluß technischen Fortschritts und wechselnder Gewohnheiten sogar im Fußgängerverkehr Formen und Entfernungen tiefgreifend verändern.

Obwohl die Größe der Bereiche sich schnell ändert, können wir dennoch für den Wandel planen, indem wir verschieden schnelle Alterungsprozesse unterscheiden. Mechanische Apparaturen verschleißen bei intensiver Benutzung in kurzer Zeit und veralten schnell infolge von Forschung und Entwicklung. Andererseits haben architektonische Elemente gewöhnlich ein sehr langes Leben, ohne an Leistungsfähigkeit zu verlieren. Wenn die Veränderung der kurzlebigen Elemente sich auf die langlebigeren nicht nachteilig auswirken soll, müssen beide getrennt werden. Wir können uns z. B. ohne weiteres einen ummauerten Bereich vorstellen, der technisch einfach, aber sehr dauerhaft ist, und die kompliziertesten mechanischen Apparaturen enthält, die schnell veralten und periodisch erneuert werden müssen. Gibt es statt zweier mehrere Geschwindigkeiten des Veraltens, so läßt sich auf die gleiche Art eine physische Hierarchie ineinandergeschachtelter Elemente bestimmen.

Gegenwärtig verhindern veraltete Bauverordnungen und Verordnungen über die Aufteilung in Zonen, daß wir auch nur irgendeine Hierarchie oder die Markierungspunkte zwischen ihren Bereichen berücksichtigen. Das Konzept einer ›wünschenswerten Bevölkerungsdichte‹ wurde entworfen, um die Beseitigung der Slums voranzutreiben, es ist aber für die allgemeinen städtischen Probleme irrelevant. Die von der Grenze des Grundstücks obligatorisch zurückgesetzten Fassaden und die verstärkten Hausmauern öffentlicher Gebäude waren einst sinnvoll. Heute jedoch sind sie unsinnig, da die Mittel des Feuerschutzes sich völlig geändert haben. Die alten Bauverordnungen zwingen der Stadt eine willkürliche Gliederung auf und verhindern die Gliederung auf Grund funktionaler Hierarchien.

Verordnungen für die Aufteilung in Zonen, die vorschreiben, was wo liegen soll, werden immer noch für das Wundermittel aller Planung gehalten. Leider können solche Vorschriften ohne Bezug auf einen allgemeinen Plan – die langfristige Gültigkeit eines Leitprinzips – ebensoviel Schaden anrichten wie veraltete Bauverordnungen, indem sie eine Gemeinschaft mit langfristigen Bindungen an Entscheidungen belasten, die nur kurzfristig sinnvoll sind.

Wir suchen Gliederungen von möglichst allgemeiner Bedeutung. Deshalb werden wir nicht versuchen, die genaue Zahl oder präzise Größe der Bereiche zu bestimmen, denn diese Faktoren sind von den Veränderungen der Technik und der Verwendung abhängig, die wir oben beschrieben haben. Die Lebensdauer der vom Menschen produzierten Dinge ähnelt der lebendiger Organismen. Ihre verschiedenen Entwicklungs- und Zerfallsraten stellen unterschiedliche Forderungen an ihre Umwelt und haben umgekehrt auch verschiedene Wirkungen auf sie. Das Diagramm am Ende dieses Kapitels veranschaulicht den Lebenszyklus von Gebrauchsgegenständen der industriellen Gesellschaft: Die Veraltensrate liegt in der Regel bei etwa 30 Jahren. Ähnliche Kurven des Veraltens lassen sich nach demselben Prinzip und auf Grund präziser Spezifikationen für jede Anzahl von Produkten oder Situationen entwerfen. Wenn sie irgendwie zusammenhängen, ist die Kenntnis, wie die verschiedenen Veraltensraten aufeinanderwirken, ein wichtiger Teil des Planungsprozesses. Ein Problem jedoch bleibt unbeeinflußt vom Veralten, weil es dauerhafter ist: das Wesen der Hierarchie der Bereiche.

Wie auch immer die genaue Größe und Anzahl – die Geschlossenheit eines jeden Bereiches muß erhalten bleiben, und die Hierarchie muß von den Verbindungen zwischen den Bereichen bestimmt werden. Mit anderen Worten: Die Gliedstellen zwischen aufeinanderfolgenden und benachbarten Bereichen, die Art ihrer Trennung und ihrer Verbindung, die Form der Übergänge, die sie erfordern, sind Sachverhalte, die unabhängig von der besonderen Größe und Anzahl der Bereiche von entscheidender Bedeutung sind.

Von allen Problemen der Verbindung haben wir nur eines ausgewählt, um zu zeigen, wie man es analysieren kann, und um die physischen Implikationen zu verdeutlichen, die solch ein Problem für die Planung hat. In Kapitel 9 führten wir sechs städtische Bereiche auf: den städtisch-öffentlichen, den städtisch-halböffentlichen, den Gruppen-öffentlichen, den Gruppen-privaten, den familiär-privaten und den individuell-privaten. Nun wollen wir im Detail die Art der physischen Beziehungen prüfen, die zwischen dem fünften und dritten Bereich erforderlich ist, nämlich die wichtige Verbindung zwischen dem Wohnbereich (dem familiär-privaten) und dem der größeren Umwelt (dem der öffentlichen Gruppen).
Üblicherweise würde man dies die Verbindung zwischen Wohnung und Stadt nennen.

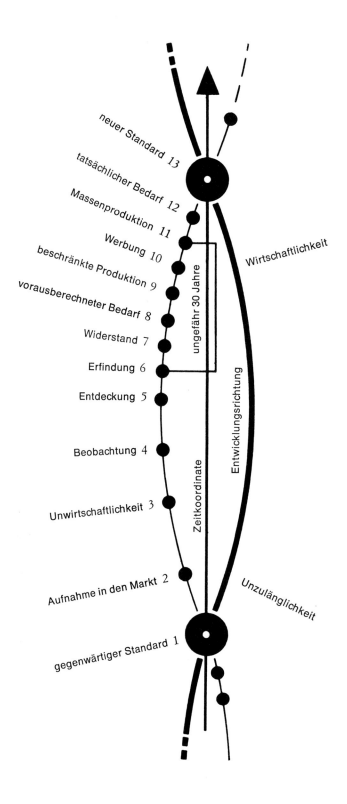

Wechselwirkung von Technologie, Veralterung und Gestaltung
(Frederick J. Kiesler)

11 Das Problem

Semantische Hindernisse
›Die Form folgt der Funktion‹
Die Anatomie des Augenscheinlichen
Neue Formulierungen
Probleme und ihre Struktur
Grundbedingungen
Wechselwirkung der Bedingungen
Analyse der Wechselwirkungen
Die entscheidende Frage
Zehn Milliarden Beziehungen
Die Rolle des Computers
Diagramm und Entwurf
Das zusammengesetzte Diagramm

Scheinbares Chaos: das unstrukturierte Problem

Konstellation: das strukturierte Problem

›In Wirklichkeit ist das Denken eine höchst rätselhafte Sache, über die wir durch nichts soviel erfahren wie durch das vergleichende Sprachstudium. Dieses Studium zeigt, daß die Formen des persönlichen Denkens durch unerbittliche Strukturgesetze beherrscht werden, die dem Denkenden nicht bewußt sind. Die Strukturschemata sind die unbemerkten komplizierten Systematisierungen in seiner eigenen Sprache, die sich recht einfach durch unvoreingenommene Vergleiche und Gegenüberstellungen mit anderen Sprachen, insbesondere solchen einer anderen Sprachfamilie, zeigen lassen. Das Denken selbst geschieht in einer Sprache – in Englisch, in Deutsch, in Sanskrit, in Chinesisch .. Und jede Sprache ist ein eigenes riesiges Struktursystem, in dem die Formen und Kategorien kulturell vorbestimmt sind, aufgrund deren der einzelne sich nicht nur mitteilt, sondern auch die Natur aufgliedert, Phänomene und Zusammenhänge bemerkt oder übersieht, sein Nachdenken kanalisiert und das Gehäuse seines Bewußtseins baut.‹
Benjamin Lee Whorf, ›Sprache, Denken, Wirklichkeit‹, 1956, deutsch 1963

›Die Zeit von 1945 bis 1950 war eine Periode elektronischer Forschung und der Demonstration, daß Maschinen mit vielen tausend Vakuum-Röhren wirklich funktionieren.
Die Zeit von 1950 bis 1955 war eine wegbereitende Periode, in der Computer für die Lösung wissenschaftlicher und technischer Probleme eingesetzt wurden. In der gegenwärtigen Periode, der Zeit von 1955 bis 1960, verwendeten Geschäftsunternehmen elektronische Geräte für Büroarbeiten.
Für die Zeit von 1960 bis 1965 können wir die Verwendung digitaler Elektronenrechner zur Kontrolle physikalischer Prozesse erwarten. Schon werden Werkzeugmaschinen auf diese Weise kontrolliert.
In der Zeit von 1965 bis 1970 werden wir erleben, wie all diese Entwicklungen in bahnbrechenden Entwicklungen innerhalb des zentralen Management-Prozesses konvergieren werden. Routinemäßige, sich wiederholende Entscheidungstypen werden weiter formalisiert, während die Kreativität des Managements sich weit mehr auf das ›Wie‹ der Entscheidungen und Leistungen richten wird, als auf die tatsächliche, sich wiederholende Durchführung solcher Entscheidungen.‹
Jay W. Forrester, ›Industrial Dynamics‹, in: ›Harvard Business Review‹, 1958

›Strukturgesetze sollten lediglich als nützliche Arbeitshypothesen aufgefaßt werden, auf die man sich erst dann verlassen darf, wenn spezifiziert werden kann, wo sie nicht gelten. Aber sie geben einen Eindruck von den Möglichkeiten, die sich einer Wissen-

schaft der Form eröffnen. Sie könnten sich zu Axiomen einer Denkweise entwickeln, die Parallelen zwischen allen strukturell bestimmten Bereichen entdeckt.
Es ist Aufgabe der mathematischen Logik und der exakten Naturwissenschaft, diese Regeln zu klären und eine leicht verständliche Philosophie der Form aufzustellen.‹
Lancelot Law Whyte, ›Invisible Structure‹, in: ›Accent on Form: An Anticipation of the Science of Tomorrow‹, 1954

Wenden wir uns nun dem Problem zu, das wir als Beispiel gewählt haben: die Verbindung zwischen einer Gruppe von Wohnungen und der Stadt. Es interessiert uns die Anatomie der Struktur der Stadt als Ganzes ebenso wie die Anatomie der Wohnung: in welchen Beziehungen die Häuser zueinander und zur Stadt stehen – die Art des Zusammenhanges zweier Komponenten der Stadtform.
Angesichts der Veränderung der Begriffe hat es kaum Sinn, bei der Behandlung der Wohnprobleme Wörter zu verwenden, die vergangenen Kulturepochen angehören. Sie können unsere gegenwärtige Suche nach besseren Lösungen bloß erschweren. ›Apartments‹, ›Reihenhäuser‹, ›Einfamilienhäuser‹, ›Hof‹, ›Garten‹, ›Müll‹, ›Parkplatz‹, ›Wohnzimmer‹, ›Küche‹, ›Eßzimmer‹, ›Schlafzimmer‹ und ›Badezimmer‹ sind belastete Ausdrücke, zu denen einem irgendwelche irrelevanten Bilder einfallen. Designer und Verbraucher stellen sich bei diesen Wörtern wahrscheinlich etwas Unveränderliches vor, obwohl sie in Wirklichkeit nur Altvertrautes bezeichnen.
Solange man nicht aufhört, mit modischen oder allgemeinen Ausdrücken spezifische Gegenstände und Ereignisse zu beschreiben, wird man sich weiterhin durch Assoziationen täuschen lassen und nicht zu den wesentlichen funktionalen Aspekten von Dingen und Räumen vorstoßen, denen das eigentliche Interesse des Planers bei der Problemanalyse und Gestaltung gilt.
Im allgemeinen wenden Designer bei vertrauten Sachverhalten ihre kritische Aufmerksamkeit nicht auf die Funktion, sondern lediglich auf die Form – was einfacher ist. Selbst ernstzunehmende Designer fühlen sich veranlaßt, für jeden Kunden neue Formen und neue Schlagwörter zu erfinden, um Ähnlichkeiten mit traditionalistischen und pseudo-modernen Formen auszuweichen. Aber die Schlagwörter des Fortschritts sind nicht besser als die der ›Tradition‹. Wenn wir die Mythen und Vorurteile zerstören wollen, die uns die klare Sicht auf Probleme verstellen, müssen wir das Problem in seine kleinsten, klar erfaßbaren Teile zerlegen und in sachlichen, gefühlsneutralen Ausdrücken beschreiben; dann können wir die Teile entsprechend der tatsächlichen, spezifischen Struktur des Problems wieder zusammenfügen.

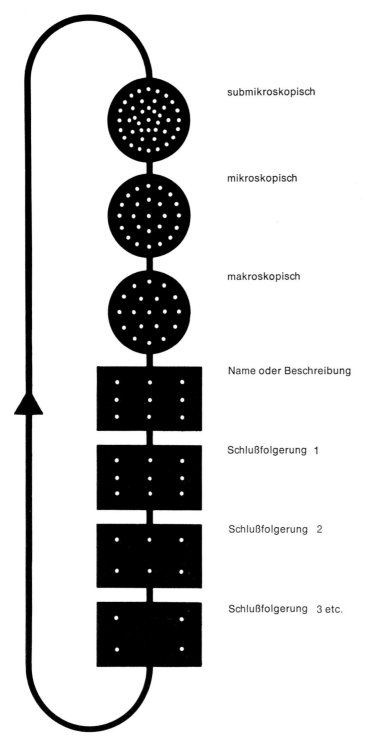

Schematische Darstellung des Abstraktionsprozesses
(A. Korzybski und Wendell Johnson)
Vier Ebenen repräsentieren die verbale Abstraktion ersten Grades, die wiederum aus Ebenen von immer allgemeiner werdenden Aussagen bestehen: Schlußfolgerungsebenen der Abstraktion. Jede ist ein Schritt in einem kontinuierlichen Prozeß. Das Diagramm kann in jeder Richtung gelesen werden. Eine semantische Sperre kann durch einen Kurzschluß dargestellt werden

Zu viele Designer übersehen neue Probleme, die legitimerweise neue Formen erfordern. Sie würden ihre Realität begreifen, wenn die Problemstruktur so gesehen würde, wie sie ist, unverdeckt von den üblichen Klischees der Kataloge oder Magazine.

Um zu zeigen, wie die klare Neuformulierung von selbstverständlich vorausgesetzten Sachverhalten Gestaltungsprobleme erhellt, untersuchen wir eine vertraute Vorstellung. Das typische Verbindungsglied zwischen Innen- und Außenraum ist die Fensteranlage des Hauses.

Für unsere Zwecke ist es nicht sinnvoll, von Fenstern zu sprechen, denn je nach Erfahrung verbindet man unterschiedliche Assoziationen mit ›Fenstern‹, so z. B. das doppelt eingehängte, vertikal gleitende Holzfenster aus dem 18. Jahrhundert mit kleinen Glasscheiben und Fensterläden an den Seiten, oder das winzige Fenster einer noch früheren Zeit aus bleigefaßtem, halbdurchsichtigem Glas. Es kann darunter aber auch das moderne Flügelfenster verstanden werden, dessen dünner Stahlrahmen eine einzige, außergewöhnlich klare Glasscheibe einfaßt, die nur durch den Insektenschutz leicht getrübt ist; das Schiebetürfenster aus schwerem Scheibenglas oder die große, aus einem Stück bestehende, feste Panoramascheibe – das bekannte, meist falsch verwendete ›große Aussichtsfenster‹, das manchmal gar keine Aussicht bietet.

Wer ein gutes Gedächtnis hat, kann sich zu den genannten noch viele andere ›Fenster‹ vorstellen mit ihrer ganzen prächtigen Umrahmung, mit Drapierungen, Vorhängen, Rouleaus, Stabjalousien und dergleichen mehr. Die Vorhänge werden nicht wegen ihrer Funktion, sondern wegen ihres dekorativen Effekts unvergeßlich sein – wegen ihrer Textur oder der Farbe ihres Blumenmusters. Genug damit.

Sprechen wir aber von einer schützenden Hülle oder einer abschließenden Membrane, die die Außenluft abschirmt und das Licht durchläßt, moduliert, filtert, diffundiert, abblendet, lebendige Organismen durchläßt oder abhält, die Kontrolle von Strahlung und Temperatur ermöglicht und vor Lärm oder unangenehmen Überraschungen künstlicher Beleuchtung schützt, so erscheint ein reales Bild vor Augen. Mit anderen Worten: ›Fenster‹ umschreibt nicht das Gestaltungsproblem einer funktionalen Fensteranlage. Nur die sorgfältige Untersuchung offensichtlich notwendiger Funktionen ohne Rücksicht auf den Ausdruck ›Fenster‹ ermöglicht eine Neubestimmung des Problems.

1952 begann der Autor in einem Seminar über Umweltgestaltung an der Harvard University mit dem Prozeß der Neuformulierung und der Suche nach einem Vokabular, das die unendliche Vielfalt der Elemente, Situationen, Handlungen oder Ereignisse ausdrückt, die den komplexen Organismus ›Haus‹ ausmachen. Eine ergänzende Zusammenfassung wurde 1956 für eine Radiosendung ausgearbeitet. 1959 wurde die ursprüngliche Aufstellung überarbeitet und im Hinblick auf dieses Buch erweitert. 1960 wurde sie zusammen mit Christopher Alexander neu formuliert und weiter aufgegliedert, so daß sie auf das Problem der Gemeinschafts- und Privatsphäre bezogen werden konnte. Diese Aufstellung diente als Katalysator eines analytischen Prozesses, für den sie weitgehend auch die Grundlage bildet. Aber selbst nach ihrer letzten Überarbeitung blieb sie ungenau, ohne exakte Beziehung zur Struktur des Problems. Obwohl nützlich, enthält sie zu viele verschiedene logische Typen.

Vorweg ist ein wichtiges Arbeitsprinzip hervorzuheben: jedes Problem hat seine eigene Struktur. Gute Gestaltung hängt von der Fähigkeit des Designers ab, in seiner Arbeit dieser Struktur zu entsprechen und sie nicht willkürlich zu übergehen. Die üblichen Formulierungen eines Problems lassen sein Muster oft unberücksichtigt und zerstören es. Um dieser Gefahr zu entgehen, wollen wir uns auf die vertrauten, bekannten Aspekte des Hauses und seiner Verbindung zur Stadt beschränken und nur die spezifischen Bedürfnisse herausgreifen, die nicht durch semantisches Mißverständnis verdunkelt sind – die präzise beschrieben werden können, die als allgemeingültige, funktionale Sachverhalte unseres täglichen Lebens anerkannt und nicht Sache des Geschmackes sind.

Es ist unmöglich, ad hoc alle Faktoren im einzelnen aufzuzählen, die das Problem ausmachen. Sie sind für unsere Möglichkeiten zu zahlreich und zu detailliert. Deshalb gehen wir an unser besonderes Problem, die Verknüpfung der öffentlichen und privaten Bereiche, mit den folgenden neun funktionalen Kategorien als Schlüsselbegriffen heran. Diese Kategorien sollen so weit wie möglich vermeiden, daß einfache Probleme durch emotionale oder irrelevante Vorstellungen verdunkelt werden. Sie sind bequeme Schubfächer für die vorläufige Ordnung alter Probleme:

Raum und Landnutzung: Räume für Gruppen.

Probleme des Schutzes: Sicherheitsmaßnahmen für die Gesellschaft, Schutz vor Unfällen, Schutz vor Belästigung und Verunreinigung.

Verantwortlichkeit: Fragen des Eigentumsrechts und der Instandhaltung, der Zuständigkeit für die einzelnen Angelegenheiten einschließlich der Kontrolle der Grundstücksgrenzen.

Klimakontrolle: Maßnahmen, um den Gebäude-Eingang als Bindeglied zwischen dem klimatisch regulierten Auto oder dem öffentlichen Verkehrsmittel und der klimatisch regulierten Wohnung angenehm zu machen.

Beleuchtung: Gewährleistung guter Sicht aus Gründen der Sicherheit und Annehmlichkeit, tags und nachts.

Akustik: Allmähliche Absonderung vom lärmenden Bereich des Verkehrs durch mehr und mehr reduzierte Hintergrundsgeräusche hin zu den halb-privaten, privaten und intimen Bereichen.

Zirkulation: bezüglich der motorisierten Fahrzeuge, der nicht motorisierten Fahrzeuge und des Fußgängers selbst.

Kommunikation: Kommunikation auf weite Entfernung zwischen dem ersten Zugangspunkt zur Wohngruppe und dem Eingang in die jeweilige Wohnung nach den Gesichtspunkten von Bequemlichkeit und Sicherheit.

Geräte und öffentliche Einrichtungen: angemessener Raum und Zugänglichkeit, für den die Behörden, der Hausmeister, der einzelne Eigentümer oder der Mieter im halb-privaten Niemandsland der Eingangszonen zu sorgen haben.

Es soll noch einmal betont werden, daß diese Kategorien nicht die Struktur oder das Muster des Problems umreißen. Aber durch ihre sachliche Neutralität ermöglichen sie auf einer nächsten Stufe die Aufstellung präziser Forderungen, die sich aus den Erfordernissen einer Privatsphäre ergeben. Von hier aus können wir dazu übergehen, detaillierte Bedingungen herauszuarbeiten, die auf die Planung Einfluß haben.

1 Rationelles Parken für Eigentümer und Besucher; ausreichender Wendeplatz.
2 Zeitweiliger Raum für Dienst- und Lieferwagen.
3 Empfangsraum für die Wohngruppe. Überdachter Raum für Lieferungen und Kundendienst. Vorrichtungen zur Information; Brief-, Paket- und Auslieferungskästen; Abstellraum für kleine Handwagen.
4 Raum zur Instandhaltung und Kontrolle öffentlicher Einrichtungen: Telefon, Elektrizität, Hauptwasseranschluß, Kanalisation, Fernheizung, Gas, Klimaanlage, Müllverbrennungsanlage.
5 Raum für Erholung und Unterhaltung. Kinderspielplätze mit Überwachung.
6 Privater Wohnungseingang, geschützter Zugang und überdachter Platz vor der Haustür, Filter gegen hereingetragenen Schmutz.
7 Angemessener und ausreichender privater Raum zur Begrüßung; Waschgelegenheiten; Ablageraum für Wetterkleidung, für tragbare und fahrbare Gegenstände.
8 Filter gegen Gerüche, Viren, Bakterien, Schmutz. Abschirmung gegen Fluginsekten, vom Wind aufgewirbelten Staub, Ruß und Abfall.
9 Sicherung vor kriechenden und kletternden Insekten, Ungeziefer, Reptilien, Vögeln, Säugetieren.
10 Vorrichtung, um ankommende Besucher zu sehen, ohne selbst gesehen zu werden; einseitig einsehbarer Eingangsraum.
11 Zugänge, die sicher abgeschlossen werden können.
12 Separierung der Kinder und Haustiere von Fahrzeugen.
13 Separierung von Fußgängern und in Bewegung befindlichen Fahrzeugen.

14 Vorsichtsmaßnahmen für Fahrer bei ihrem Übergang vom Schnellverkehrs- in den Fußgängerbereich.
15 Einrichtungen, um den Zugang vor Wettereinflüssen zu schützen: vor zu hohen Temperaturen, Wind, Wasser, Eis und Schnee.
16 Feuerbarrieren.
17 Deutliche Grenzen innerhalb des halb-privaten Bereiches: zwischen Nachbarn; zwischen Mietern und Verwaltung.
18 Deutliche Grenzen zwischen halb-privatem und öffentlichem Bereich.
19 Ausreichende Beleuchtung ohne abrupte Unterschiede.
20 Kontrolle des Lärms von Lieferwagen, Personenwagen und Maschinen.
21 Kontrolle des Lärms aus dem öffentlichen Bereich.
22 Einrichtungen zum Schutz der Wohnung vor Stadtlärm.
23 Einrichtungen zur Dämpfung des städtischen Hintergrundlärms im öffentlichen Fußgängerbereich.
24 Einrichtungen zum Schutz der Wohnung vor lokalem Lärm.
25 Einrichtungen zum Schutz der Außenräume vor Lärm von anderen Außenräumen in der Nähe.
26 Ungehinderte Zufahrt zur Hauptverkehrszeit.
27 Raum für Noteingang und -ausgang, Feuerwehr, Ambulanz, Wiederherstellungsarbeiten und Reparaturen.
28 Zugang für Fußgänger vom Auto zur Wohnung mit einem Minimum an Entfernung und Anstrengung.
29 Fußgängerverkehr ohne gefährliche oder verwirrende Niveau- oder Richtungsüberschneidung.
30 Sichere und angenehme Geh- und Rollflächen.
31 Abgeschlossener Sammelplatz für Müll, um Verunreinigung der Umgebung zu verhüten.
32 Zweckmäßige Organisation der Annahme und Verteilung von Dienstleistungen.
33 Partielle Wetterkontrolle im Raum zwischen Auto und Wohnung.

Diese dreiunddreißig detaillierten Erfordernisse sprechen für sich selbst. Keines von ihnen überrascht. Jeder Entwerfer oder Hausbewohner weiß, daß jede dieser Forderungen bei der Planung der Verbindungen zwischen Wohnung und Stadt bedacht werden sollte.

Das Problem erschöpft sich mit den dreiunddreißig Erfordernissen noch nicht. Gewiß besteht die Aufgabe in der Herausbeitung einer Form, die jede Forderung berücksichtigt, aber das Problem ist durch sie erst halb definiert. Bevor wir es vollständig erfassen können, müssen wir die Beziehungen untersuchen, die den Gesamtzusammenhang bestimmen, denn sie allein legen die Struktur oder die innere Logik des Problems fest.

Die zweite Hälfte des Problems, die ebenso entscheidend wie die

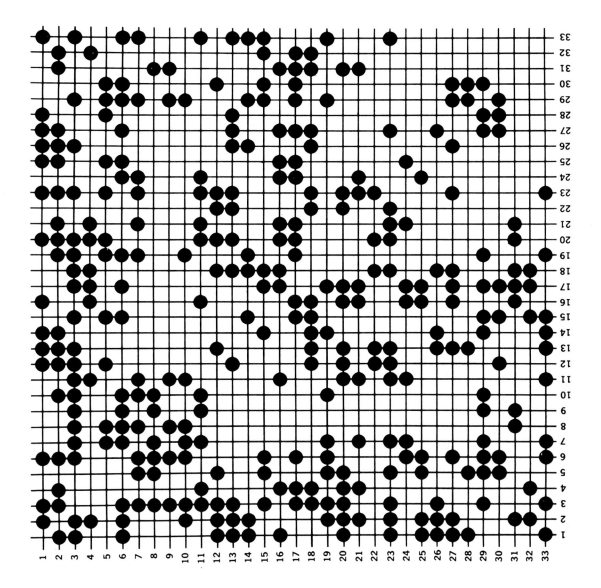

Diagramm der Wechselwirkung von 33 Erfordernissen

erste ist, wird in Diagrammform dargestellt. Ein schwarzer Punkt zeigt an, daß zwei Bedingungen miteinander verkoppelt sind; ein bloßer Schnittpunkt, daß sie unabhängig voneinander sind.

Das Vorhandensein oder Fehlen einer Verkoppelung ist eine Aussage über die Wechselwirkung zweier Sachverhalte. Wenn die Formgestaltung eines Sachverhalts notwendig die eines anderen beeinflußt, sei es positiv oder negativ, nennen wir sie verkoppelt. Fehlt solche Wechselwirkung, nennen wir sie voneinander unabhängig.

Manchmal ist eine Verkoppelung wie z. B. zwischen 15 und 33 (Schutz des Zugangs.. Wetterkontrolle) augenfällig. Offensichtlich verstärken sich die Maßnahmen gegenseitig. Im Fall von Punkt 11 und 27 (Zugangspunkte.. Noteingang) wird die Verwirklichung der einen Forderung durch die der anderen erschwert. Es ist wichtig, darauf hinzuweisen, daß die Verkoppelung sich nur auf die funktionale Wechselwirkung bezieht und nicht auf Verbindungen, die sich aus Gewohnheit oder dem Sprachgebrauch zu ergeben scheinen.

Nehmen wir Punkt 11: Zugänge, die abgeschlossen werden können. Auf den ersten Blick scheint dieser Punkt z. B. mit Punkt 6 (privater Wohnungseingang) gekoppelt zu sein, da beide die physische Abriegelung fordern. Aber kontrollierbare Schließvorrichtungen behindern oder erleichtern nicht wirklich die Einrichtung eines Eingangs. Andererseits: obwohl 11 mit Akustik nicht viel zu tun hat, streng physikalisch genommen – etwa in bezug auf Gewicht, Größe und Feinpassung einer Tür –, so gibt es doch eine Verkoppelung zwischen 11 (abgeschlossenem Zugang) und 21 (Lärm-Kontrolle). Natürlich ist die Tatsache, daß der Eingang oder Zugang kontrolliert werden muß, für Erwägungen akustischer Art allein irrelevant. Aber wenn der Zugang vollkommen abgeriegelt werden soll, so erfordert das einen dichten Türschluß. Zusammen mit einer relativ kleinen Öffnung und einfacher Handhabung erleichtert das zugleich die Kontrolle akustischer und klimatischer Einflüsse.

Diese offensichtliche Wechselwirkung wird kaum Anlaß zu Mißverständnissen geben. Sie ist jedem verständlich, dem der kulturelle und technische Kontext vertraut ist. Denn jedes Urteil beruht auf der Kenntnis der verfügbaren Technik und auf den physischen Planungsmöglichkeiten innerhalb eines Kulturrahmens – in diesem Fall des der hochindustrialisierten, westlichen Stadtgesellschaft.

Wir versuchen nicht, die Wechselwirkung an sich als überraschend darzustellen. Doch was sie so wichtig macht, ist die Struktur, die das Problem durch sie erhält. Wenn man einmal die Struktur erkannt hat, kann man sie analysieren und praktische Schlüsse daraus ziehen.

Ein Designer, der ein kompliziertes Problem zu lösen hat, betrachtet erst einen, dann einen anderen Teil und sucht nach Aspekten, die berücksichtigt werden müssen. Welche Teile des Problems werden wegweisend sein? Er ist bestrebt, diejenigen herauszuarbeiten, die am sichersten zu einer guten Lösung führen.

Die zahllosen Beziehungen zwischen den verschiedenen Punkten unserer Liste machen es unmöglich, sie alle zugleich zu betrachten. Da sie gruppenweise untersucht werden müssen, ist die nächste Frage, welche Punkte zu Gruppen zusammengefaßt werden sollen.

Das ist die entscheidende Frage jedes Gestaltungsprozesses, denn man kann das Problem unter den verschiedensten Gesichtspunkten betrachten. Die ergiebigsten Aspekte, die wir bestimmen sollten, stehen in tiefem Zusammenhang mit der Struktur des Problems. Die Worte Tschuangtses, eines Zeitgenossen Platons, die er einem taoistischen Metzger in den Mund legte, illustrieren, wie die Struktur, die sich aus der Gruppierung der Teile ergibt, zur Lösung eines Problems beiträgt:

›Ein guter Koch wechselt sein Hackmesser einmal im Jahr – weil er zu schneiden pflegt. Ein gewöhnlicher Koch einmal im Monat, weil er hackt. Ich aber habe dieses Hackmesser seit neunzehn Jahren, und obwohl ich viele tausend Ochsen in Stücke geschnitten habe, ist seine Schneide so scharf, als ob sie gerade geschliffen worden wäre. An den Gelenken sind immer Spalten, und die Schneide eines Hackmessers ist dünn; so braucht man nur etwas Dünnes in solch einen Spalt zu schieben. Dadurch wird der Spalt vergrößert, und die Klinge kann genügend Platz finden.‹

Wählt man die Aspekte eines Problems willkürlich aus, so besteht keine Gewähr dafür, daß man auf der rechten Fährte ist. Wenn der Designer für seine Analyse Teile aussucht, die zur Struktur des Problems verquer liegen, so wird das Ergebnis seiner Betrachtung plump und fruchtlos sein – wie das Vorgehen des ungeschickten Metzgers. Das Problem muß an seinen Nahtstellen zerlegt werden. Die meisten Teile sind so eng miteinander verbunden, daß es sinnlos ist, sie einzeln zu untersuchen. Wir müssen versuchen, Teile zu finden, die so in sich geschlossen sind, daß man sie als isolierte Einheiten betrachten kann.

Die Geschlossenheit eines Problemaspektes läßt sich analog zu den Teilen des Ochsen auffassen, wie sie der taoistische Metzger beschreibt. Erkennen wir die Einschnitte in der Struktur eines Problems, so können wir auch die Teile mit der größten Geschlossenheit bestimmen.

So wie es vor uns steht, ist das Problem ungeheuer komplex, zu komplex, als daß es ›mit bloßem Auge‹ zu durchschauen wäre. Selbst eine Struktur, die sich aus nur dreißig Bedingungen ergibt, erfordert etwa 10 000 000 000 verschiedene Vergleiche, damit die richtigen Zäsuren gefunden werden können – eine Aufgabe, die

die Leistungsfähigkeit des Menschen übersteigt, obwohl das Problem verhältnismäßig einfach ist.

Ohne Hilfe des Computers können Probleme solcher Art nicht gelöst werden. Aber wir müssen uns über die Rolle des Computers bei der Analyse völlig im klaren sein. Die Maschine ist Ergänzung und nicht Ersatz menschlicher Kreativität. Der Mensch ist wohl fähig, Beziehungen zwischen Dingen herzustellen und sie in neuem Zusammenhang zu sehen; aber er kann die Beziehungen innerhalb einer komplexen Situation nicht ohne ungeheuren Zeitaufwand gründlich untersuchen. Der Computer, der unfähig ist, Neues zu erfinden, kann dagegen nach vorgeschriebenen Regeln Beziehungen systematisch und schnell untersuchen. Er dient als Erweiterung der analytischen Fähigkeit des Menschen.

Die Gestaltung hat gegenwärtig eine Stufe erreicht, auf der die bloße Erfindungsgabe nicht mehr genügt. Um adäquate Formen zu schaffen, muß man die Beziehungen zwischen Gegebenheiten vollständiger erforschen können, als es zur Zeit geschieht. Nur dann kann man vernünftige Entscheidungen darüber fällen, an welchen Stellen die wertvolle Erfindungsgabe eingesetzt werden muß. Glücklicherweise sind in den letzten Jahrzehnten große Computer und Methoden elektronischer Datenverarbeitung allgemein verfügbar geworden.

Der IBM Computer 704 des ›Massachusetts Institute of Technology‹ wurde mit den entsprechenden Informationen gefüttert und fand die wichtigsten Schnittstellen unseres Problems in wenigen Minuten. Bei genauer Untersuchung zeigt sich, daß die Milchstraße sich aus Stellarsystemen zusammensetzt. Die Anordnung der dreiunddreißig Bedingungen unserer Aufzählung ist ähnlich strukturiert: Das scheinbare Chaos hat sich in zusammenhängende Gruppierungen gegliedert. Die Verwandlung des Chaos der dreiunddreißig Punkte in Gruppierungen wird veranschaulicht in dem Diagramm, das dieses Kapitel einleitet und beschließt.

Unser Problem besteht aus etwa sieben Hauptkomponenten. Von diesen sieben Komponenten haben zwei – A und D – keine Bedeutung für den Entwurf, sie beziehen sich hauptsächlich auf Materialien und Kontrollmechanismen.

Da unser Hauptinteresse dem Entwurf gilt, haben wir nur die übrigen fünf Komponenten B, C, E, F und G im Detail untersucht. Für jede einzelne haben wir ein Diagramm ausgearbeitet, das sämtliche Implikationen der jeweiligen Komponente für den Entwurf der Wohngruppe darzustellen versucht. Die Diagramme werden zusammen mit einer Erklärung der in ihnen enthaltenen Probleme wiedergegeben.

Es muß betont werden, daß die Diagramme nicht bloße Illustrationen oder nebensächliche Veranschaulichungen des Textes sind. Sie sind mühevoll erarbeitete, sorgfältig ausgefeilte schematische Darstellungen, die die physischen Implikationen der verschiedenen Komponenten des Problems visuell zusammenfassen. Bei ihrer Ausarbeitung stießen wir auf alle bekannten Schwierigkeiten, die sich aus Entwurfsproblemen ergeben; aber wir waren – da die Teilprobleme von überschaubarer Größe waren – sicherer, als das normalerweise der Fall ist, daß wir die meisten Möglichkeiten untersucht hatten.

Mit der Aufstellung solcher Diagramme sind besondere Schwierigkeiten verbunden. Es ist schwer, sämtliche Implikationen eines Teilproblems zu erforschen, ohne willkürliche und irrelevante äußerliche Voraussetzungen zu Hilfe zu nehmen. Wir haben versucht, jedes Diagramm so zu strukturieren, daß das Teilproblem, das sich aus den Bedingungen und ihrem Zusammenhang ergibt, gelöst wird, und gleichzeitig eine generelle Gültigkeit zu erzielen, welche deutlich macht, daß das Diagramm keine unzugehörigen Voraussetzungen einschließt.

Dieser doppelte Zweck – vollkommene Spezifizierung in bezug auf die zur Diskussion stehenden Bedingungen und Allgemeingültigkeit in bezug auf Einflüsse außerhalb unserer Diskussion – ist außerordentlich schwierig zu erreichen. Und es ist in der Tat das kritische Anfangsstadium des Gestaltungsprozesses, in dem zum ersten Mal das Verfahrensprogramm entwickelt wird.

Komponente A

5 Raum für Erholung und Unterhaltung. Kinderspielplätze mit Überwachung.

6 Privater Wohnungseingang, geschützter Zugang und überdachter Platz vor der Haustür, Filter gegen hereingetragenen Schmutz.

10 Vorrichtung, um ankommende Besucher zu sehen, ohne selbst gesehen zu werden; einseitig einsehbarer Eingangsraum.

15 Einrichtungen, um den Zugang vor Wettereinflüssen zu schützen: vor zu hohen Temperaturen, Wind, Wasser, Eis und Schnee.

19 Ausreichende Beleuchtung ohne abrupte Unterschiede.

29 Fußgängerverkehr ohne gefährliche oder verwirrende Niveau- oder Richtungsüberschneidung.

30 Sichere und angenehme Geh- und Rollflächen.

Komponente D

8 Filter gegen Gerüche, Viren, Bakterien, Schmutz. Abschirmungen gegen Fluginsekten, vom Wind aufgewirbelten Staub, Ruß und Abfall.

9 Sperren gegen kriechende und kletternde Insekten, Ungeziefer, Reptilien, Vögel, Säugetiere.

31 Abgeschlossener Sammelplatz für Müll, um Verunreinigung der Umgebung zu verhüten.

Für diese beiden Komponenten haben wir keine Diagramme hergestellt, da sie primär Materialien und Mechanismen betreffen.

Komponente B

1 Rationelles Parken für Eigentümer und Besucher; ausreichender Wendeplatz.
2 Zeitweilig erforderlicher Raum für Dienst- und Lieferwagen.
3 Empfangsraum für die Wohngruppe. Überdachter Raum für Lieferungen und Kundendienst. Vorrichtungen zur Information; Brief-, Paket- und Auslieferungskästen; Abstellraum für kleine Handwagen.
14 Vorsichtsmaßnahmen für Fahrer bei ihrem Übergang vom Schnellverkehrs- in den Fußgängerbereich.
26 Ungehinderte Zufahrt zur Hauptverkehrszeit.
27 Raum für Noteingang und -ausgang, Feuerwehr, Ambulanz, Wiederherstellungsarbeiten und Reparaturen.

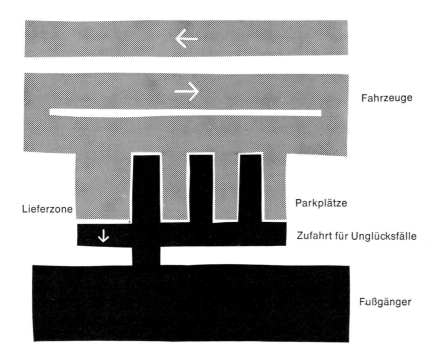

Analyse von B

26 und 14 verlangen einen flüssigen Einbahnverkehr parallel zum Hauptverkehrsfluß. Rechtwinkelige Zufahrtstraßen wären gefährlich. Ein- und Ausfahrt sind getrennt, um Stauungen zu vermeiden.
14 verbietet, daß ankommende Autos die Parkplätze und Fußgängerzonen voneinander abtrennen. Jedes Auto hat einen eigenen geschützten Zugang zum Fußgängerbereich; Fußgänger- und Parkbereich dürfen nicht einfach aneinander grenzen, sondern müssen ineinandergreifen.
1 und 2 verlangen eine Trennung von privaten und öffentlichen Fahrzeugen. Diese Trennung erleichtert die Lösung zu 3, da

Empfangs- bzw. Annahmestellen für Bewohner von der einen Seite, für Lieferanten bzw. Boten von der anderen Seite zugänglich sein müssen.

Der Noteingang, 27, muß immer frei sein, auch wenn er in dieser Funktion selten benutzt wird. Um Platzverschwendung zu vermeiden, wird er mit dem Raum zusammengelegt, der jederzeit frei sein kann – mit der Abladezone, wie sie in 2 und 3 verlangt wird (die Fahrer der Lieferwagen sind immer in der Nähe, um ihre Fahrzeuge gegebenenfalls beiseite zu fahren).

Komponente C

6 Privater Wohnungseingang, geschützter Zugang und überdachter Platz vor der Haustür, Filter gegen hereingetragenen Schmutz.

7 Angemessener und ausreichender privater Raum zur Begrüßung; Waschgelegenheiten; Ablageraum für Wetterkleidung, für tragbare und fahrbare Gegenstände.

10 Vorrichtung, um ankommende Besucher zu sehen, ohne selbst gesehen zu werden; einseitig einsehbarer Eingangsraum.

19 Ausreichende Beleuchtung ohne abrupte Unterschiede.

24 Einrichtungen zum Schutz der Wohnung vor lokalem Lärm.

25 Einrichtungen zum Schutz der Außenräume vor Lärm von anderen Außenräumen in der Nähe.

33 Partielle Wetterkontrolle im Raum zwischen Auto und Wohnung.

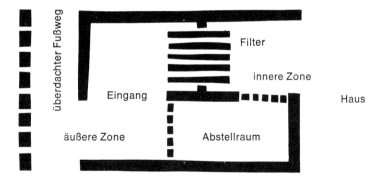

Analyse von C

6 und 7 verlangen zwei Zonen, 6 einen trennenden Filter.

10 und 19 bringen den Zugang zur äußeren Zone und den zur inneren in eine Linie, um für gute Sicht zu sorgen.

24 verlangt Flügelwände, um die äußere Zone vor lokalem Lärm zu schützen, und ebenso eine Schallwand, um den eigentlichen Eingang vor dem Lärm des örtlichen Verkehrs zu schützen; 25 verlangt umschließende Wände und einen kleinen Außenraum.

33 und 25 fordern gleicherweise Schutz, der über den äußeren Privatraum hinaus so weit wie möglich in den Fußgängerbereich

hinein auszudehnen ist. Schutzwände, 24 und 25, dienen auch als Wetterisolatoren gegen Wind und Sonne.

Komponente E

4 Raum zur Instandhaltung und Kontrolle öffentlicher Einrichtungen: Telefon, Elektrizität, Hauptwasseranschluß, Kanalisation, Fernheizung, Gas, Klimaanlage, Müllverbrennungsanlage.

11 Zugänge, die sicher abgeschlossen werden können.
16 Feuerbarrieren.
17 Deutliche Grenzen innerhalb des halb-privaten Bereiches: zwischen Nachbarn; zwischen Mietern und Verwaltung.
20 Kontrolle des Lärms von Lieferwagen, Personenwagen und Maschinen.
21 Kontrolle des Lärms aus dem öffentlichen Bereich.
23 Einrichtungen zur Dämpfung des städtischen Hintergrundlärms im öffentlichen Fußgängerbereich.
24 Einrichtungen zum Schutz der Wohnung vor lokalem Lärm.
25 Einrichtungen zum Schutz der Außenräume vor Lärm von anderen Außenräumen in der Nähe.

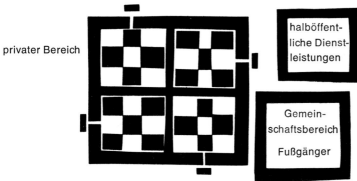

Analyse von E

4 und 17 verlangen drei voneinander getrennte Zonen: die private, die öffentliche des Fußgängerverkehrs und die halböffentliche für Dienstleistungen.
11, 16, 20, 21 verlangen Barrieren, die diese drei Bereiche umgeben, und 23 und 24 verlangen Puffer zwischen den Bereichen.
24 und 25 erfordern, daß die Privaträume im Freien sehr klein und von hohen Wänden umgeben sind und möglichst nicht aneinandergrenzen, sondern durch überdachte Räume voneinander getrennt werden. Das führt zu dem sehr gegliederten Innen-Außen-Raum, wie ihn das Diagramm darstellt.

Komponente F

18 Deutliche Grenzen zwischen halb-privatem und öffentlichem Bereich.
22 Einrichtungen zum Schutz der Wohnung vor Stadtlärm.
26 Ungehinderte Zufahrt zur Hauptverkehrszeit.

31 Abgeschlossener Sammelplatz für Müll, um Verunreinigung der Umgebung zu verhüten.
32 Zweckmäßige Organisation der Annahme und Verteilung von Dienstleistungen.

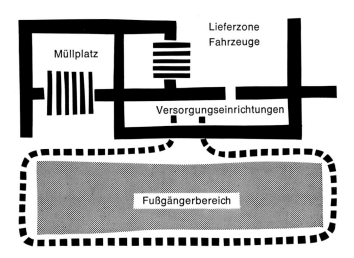

Analyse von F

Die klare Trennung zwischen Lieferantenzone und Fußgängerbereich, wie sie in 18 gefordert wird, wird am einfachsten erreicht, wenn beide nur eine gemeinsame Grenze haben.

Wenn die Lieferzone nahe am Hauptverkehrsstrom liegt, so ist auch die einfache Zufahrt für die Fahrzeuge gewährleistet und die Forderung 26 erfüllt. Da die Lieferzone periodisch benutzt wird, ist nur wenig Platz nötig.

Die räumliche Anlage dieser beiden Zonen wird der Forderung 22 gerecht, die einen Puffer zwischen Fußgängerbereich und Verkehrslärm verlangt.

Dieser Puffer wird noch wirksamer, wenn die ruhige Lieferzone (die der Übersichtlichkeit halber am besten linear verläuft, Punkt 32), zwischen Fußgängerbereich und der lauten Müllabfuhrzone angeordnet wird. Um Verunreinigung und Ärger zu vermeiden liegt der Eingang zum Müllbereich abseits vom Hauptfußgängerverkehr, Punkt 31.

Komponente G

5   Raum für Erholung und Unterhaltung. Kinderspielplätze mit Überwachung.
12   Separierung der Kinder und Haustiere von Fahrzeugen.
13   Separierung von Fußgängern und Fahrzeugen.
22   Einrichtungen zum Schutz der Wohnung vor Stadtlärm.
28   Zugang für Fußgänger vom Auto zur Wohnung mit einem Minimum an Entfernung und Anstrengung.

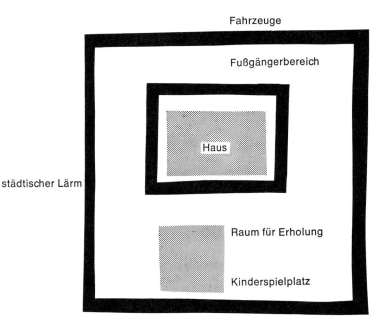

Analyse von G

Diese Punkte scheinen zunächst seltsam und beziehungslos zu sein. Die Lösung wird verständlich, sobald wir erkennen, daß der Fußgängerbereich, wie er in 28 gefordert wird, gleichzeitig 22 dienen kann, nämlich als Puffer (als überleitende Geräuschstufe) zwischen dem ruhigen Haus und dem Stadtlärm.

Die Pufferzone wird dadurch wirksam, daß sie – wie Luft in einer hohlen Mauer – zwischen den Barrieren liegt, die nach Punkt 12 rund um das Haus und nach Punkt 13 zwischen Fußgänger- und Verkehrsbereich erforderlich sind.

Kinderspielplätze und Raum für Erholung, Unterhaltung und andere Gruppentätigkeiten, Punkt 5, können innerhalb der Pufferzone – soweit wie möglich von der Autozufahrt entfernt – eingerichtet werden.

Nachdem wir die fünf Diagramme entwickelt hatten, bestand unser nächster Schritt in ihrer Kombination. Das zusammengesetzte Diagramm auf der gegenüberliegenden Seite stellt die Übersetzung der fünf Diagramme in einen Entwurf dar.

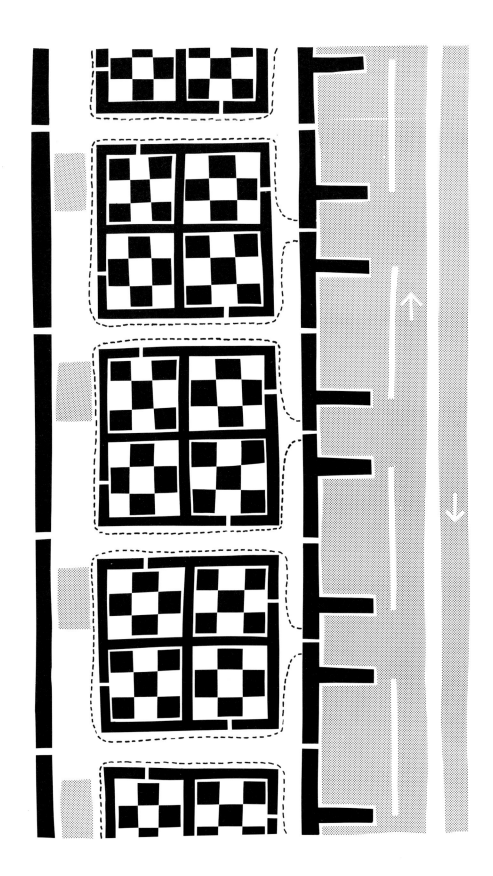

Die grundlegende Komponente des Entwurfs ist die Wohngruppe, deren Größe von technischen Erwägungen bestimmt wird. Wir gehen von der Annahme aus, daß sie sich aus etwa 20 Wohnungen zusammensetzt.

Ihrer inneren Beschaffenheit nach zeigt die Wohngruppe eine sehr gegliederte Struktur freier und geschlossener Räume, wie es unter E dargestellt wurde. Das wird durch Wohnungen mit mehreren Höfen erreicht, die so angeordnet sind, daß ein Hof nur an geschlossene Räume und niemals an einen anderen Hof angrenzt. Solche Struktur bietet eine maximale Privatsphäre mit akustischem Schutz und ermöglicht dennoch eine große Wohndichte.

Jede Wohngruppe ist von einem Fußgängerbereich umgeben, der, wie unter G gezeigt, als Pufferzone zwischen der Wohngruppe und dem Verkehrslärm dient. Die Wohnung grenzt mit der Eingangs-Trennungszone C an den umgebenden öffentlichen Fußgängerbereich. Nach dem Windmühlenprinzip können diese Eingangs-Trennungszonen C so angeordnet werden, daß die Haustüren benachbarter Wohngruppen nicht einander gegenüberliegen.

Die zusammengesetzten Wohngruppen mit den sie umgebenden Zirkulationsstreifen sind vom Fahrverkehr durch eine Schicht separiert, die aus den Übergangsstellen B und den Dienstleistungszonen F besteht, von denen jede substantiell genug ist, gleich einem Gebäude die Separierung zu verstärken und Lärmschutz zu gewährleisten. Die Kapazität der Komponenten B und F ist so bemessen, daß für jede Wohngruppe je eine Komponente B und F genügt.

Der Entwurf ist hierarchisch gegliedert; die verschiedenen Bereiche sind voneinander isoliert und doch durch Übergangsstellen miteinander verbunden. Vorstellungen von Übergang und Trennung waren ansatzweise bereits in der Erkenntnis der kulturellen Bedingungen enthalten, die eine Privatsphäre erforderlich machen. Der Zweck unserer Analyse bestand darin, die Beziehungen zwischen diesem Verlangen nach dem Privaten und den spezifisch urbanistischen Komponenten zu klären, zu denen dieses Denken führt. Die Struktur des Problems ist nun bis zu einem Punkt aufgedeckt worden, an dem die Folgerungen für die physische Gestaltung klar zu werden beginnen.

Konstellation: das strukturierte Problem

12 Kritische Beurteilung

Typische Wohngruppen-Projekte
Auf der Suche nach einer Form
Die Anwendung des Prinzips

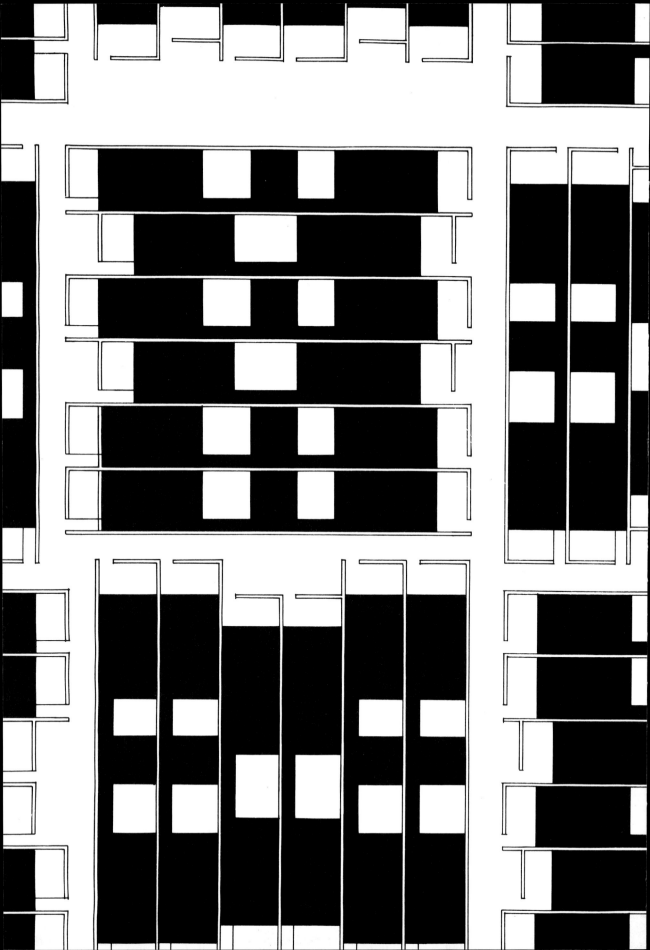

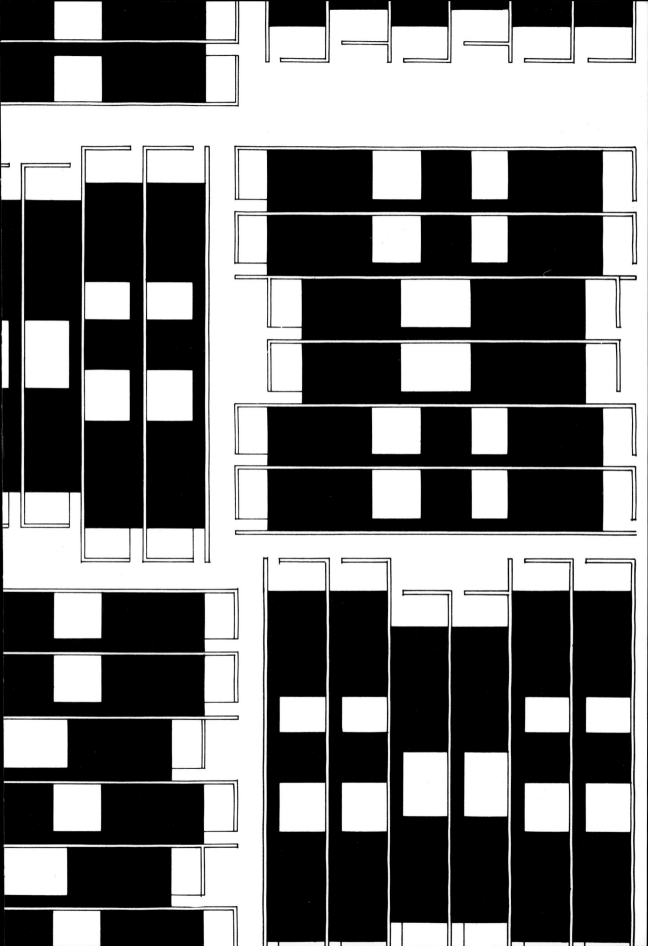

›Häuser baut man, um darin zu wohnen, und nicht, um sie zu betrachten: deshalb soll ihr Zweck Vorrang vor der Form haben, außer dort, wo beides miteinander verbunden werden kann.‹
Francis Bacon, ›Of Building‹, 1612

›Viele Treppen und Hintertüren machen Diebe und Huren.‹
Sir Balthazar Gerbier, ›Counsel and Advice to All Builders‹, 1663

›Der Überfluß an billigem, gutem Land ist eine so machtvolle Ursache für Wohlstand, daß selbst die schlechteste Regierung ihre Wirksamkeit nicht völlig aufheben kann.‹
Adam Smith, ›The Wealth of Nations‹, 1776

›Dann, nach kurzer, unglaublich kurzer Zeit, werden wir, und mehr noch sie, solche Wohnungen besitzen, und damit den substantiellen, sicheren, gesunden und erfreulichen Beitrag zum Unterhalt ihrer Bewohner, den ein richtig verstandener und bearbeiteter Garten leisten kann.‹
Patrick Geddes, ›Paleotechnic and Neotechnic‹, in: ›Cities in Evolution‹, 1913

›Das meiste von dem, was man über die Landknappheit hört, ist Unsinn... Mit der leicht zu bebauenden Fläche flachen Landes in genau der richtigen Entfernung und Richtung ist es wohl vorbei, aber es gibt Millionen Morgen von nicht beachtetem Land näher an der Stadt als die meisten heutigen neuen Wohngebiete; und mehr Millionen Morgen von nicht beachtetem Land als die Wohnindustrie für viele, viele Jahre braucht...‹
Ernest Fisher und Mason Gaffney, ›House and Home‹, in: ›Current‹, Oktober 1960

Auf Grund unseres neuentwickelten Prinzips sind wir nun in der Lage, einige typische Projekte daraufhin zu untersuchen, ob sie die fünf konstitutiven Planungs-Komponenten enthalten, die sich aus unserer Analyse ergeben haben. Die folgenden Familienhäuser wurden ausgewählt, weil sie unter einige wenige klare und charakteristische Typen zu subsumieren sind:

Die Aufteilung der Vorstadt durch Bauunternehmen und die vielfältigen Variationen von Architekten und anderen über dieses Thema. Die Landaufteilung und -nutzung schenkt nur Straßen und Bauplätzen Beachtung. Im ganzen gesehen ist solche Unterteilung planlos.
Die Gartenstadt. Das Ideal der grünen Umwelt – in England entstanden – wurde in Amerika weiterentwickelt. Das allgegenwär-

tige Auto mußte untergebracht werden und erforderte eine Separierung von Fußgängern und Fahrzeugen.

Die funktionelle Ordnung. Diese Kombination von logischer Planung – charakteristisch für das deutsche Denken – und französischem ›urbanisme‹ wurde als Konzept städtischer Ordnung von den ›Congrès Internationaux de l'Architecture Moderne‹ (CIAM) – mit Le Corbusier in Frankreich und Gropius in Deutschland als führenden Köpfen – entwickelt.

Die Atriumhaus-Wohngruppe. Sie ist noch in der Entwicklung und stellt bloß eine Variante zahlreicher Vorschläge dar, die das CIAM-Prinzip erweitern. Die dichte Gruppierung der Familienhäuser ermöglicht gemeinschaftliche Einrichtungen und Annehmlichkeiten, die bei früheren Projekten fehlten, und läßt die Häuser zu ebenerdigen Apartments werden; zusätzlich hat man den unschätzbaren Vorteil eines Privatlebens im Freien.

Bei einer Wohndichte von annähernd 50 Personen pro Morgen sind in Bereichen nahe dem Stadtzentrum Familienhäuser zu ebener Erde vertretbar. Wenn außerdem ein vernünftiger Anteil an Geschoß-Wohnungen verschiedener Höhe vorhanden ist, braucht die Gesamtwohndichte im Stadtgebiet nicht reduziert zu werden.

Die in den einzelnen Beispielen angegebenen Zahlen – die qm-Zahl der Grundstücke, die Anzahl der Häuser in der Gruppe und die Anzahl der Personen pro ›acre‹ – sind grobe Schätzungen. Natürlich können die Zahlen von Ort zu Ort je nach Lage wechseln.

Unser Wohngruppen-Diagramm gibt einige Hinweise für die erforderliche Gliederung. Man wird sehen, daß viele Einzelheiten bereits bekannt sind und zumindest teilweise von anderen Designern in Form gefaßt wurden. Jedoch sind viele Entwürfe, die auf den ersten Blick gut zu sein scheinen, in Wirklichkeit Fehlschläge, denn ihnen fehlt eine angemessene programmatische Grundlage. Sie laufen unserer Ansicht nach den wichtigsten Forderungen der jeweiligen Situation zuwider.

Es mag sein, daß die untersuchten Wohngruppen aus untauglichen Materialien oder mit falschen Kontrollmechanismen hergestellt wurden, die unseren Standards nicht genügen. Das aber interessiert hier nicht. Wir haben absichtlich Entwürfe ausgewählt, bei denen Differenzen von Konstruktions- oder mechanischen Faktoren keine Rolle spielen. Jedes der Projekte kann verschiedenartig gebaut und ausgestattet werden, sofern das Programm richtig ist.

Wir betrachten die Wohngruppe unter dem Gesichtspunkt planerischer Organisation und untersuchen nicht Besonderheiten von Materialien, Ausstattung oder ästhetischen Werten. Technisch und ökonomisch unterschiedliche Möglichkeiten oder besondere Ansichten des Designers berühren in keiner Weise die zugrunde liegenden Leitsätze.

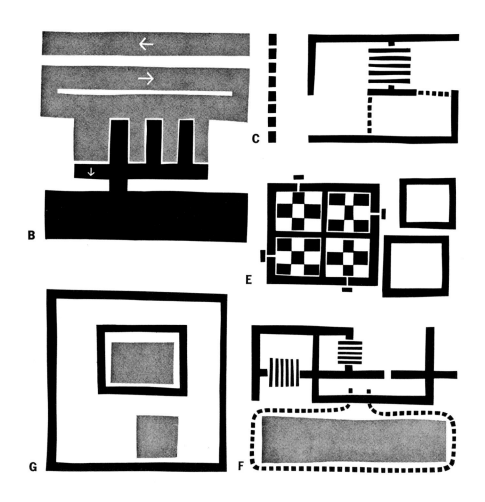

[1] 1 acre = 0,404 ha. Das Flächenmaß ›acre‹ ist beibehalten worden, weil es in den folgenden Analysen als Bezugsgröße für Häuser- und Bevölkerungsdichte dient. (Anm. d. Übers.).

1 Typische Unterteilung der Vorstadt
465 qm/Haus   4 Häuser/›acre‹[1]   14 Personen/›acre‹

Kritik:

B Autobesitzer fahren aus der Garage über den Fußweg auf die Straße. Autos von Besuchern und Lieferwagen müssen auf der Straße geparkt werden.

C Jeder Hauseingang ist zur Straße hin offen und hat weder physischen, klimatischen, hygienischen noch akustischen Schutz.

E Be- und Entladungszone ist die Straße, weder getrennt vom Verkehr noch von den Eingängen. Es gibt keine akustische Pufferzone zwischen Straße und Haus oder zwischen Nachbarhäusern.

F Die Verantwortung für die Instandhaltung ist nicht klar definiert, was leicht zur Vernachlässigung der Straße und der Bürgersteige führt. Die Müllbeseitigung ist ein besonderer Stein des Anstoßes.

G Kein geschützter privater Raum im Freien. Fortwährender Konflikt zwischen Verkehr, Fußgängern und spielenden Kindern. Die Minimal-Distanz zwischen dem Auto (d. h. dem sich zum Parken anbietenden Platz) und dem Haus ist teuer erkauft.

Schlußfolgerung:
Diese typische Anordnung separater Einfamilienhäuser bedeutet eine große Platzverschwendung und versagt in allen Einzelheiten.

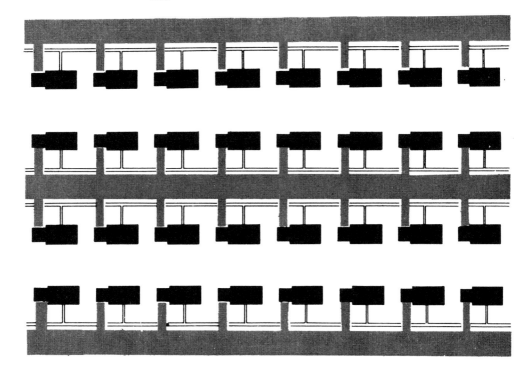

2 Unterteilung der Vorstadt

Studenten der ›Yale School of Architecture‹
10 Häuser/Wohngruppe   320 qm/Haus   5 Häuser/›acre‹
18 Personen/›acre‹

Kritik:

B Die Parkflächen bilden eine Übergangszone.
C Keine Schutzvorrichtungen, keine visuelle Privatsphäre, kein hygienischer oder akustischer Schutz.
E Keine akustischen Puffer zwischen Straße und Haus oder zwischen Nachbarhäusern.
F Durch jede größere Dienstleistung wird der Friede der gesamten Wohngruppe gestört. Der halb-private Charakter der Parkfläche führt leicht zu mangelhafter Instandhaltung.
G Konflikt zwischen Verkehr, Fußgängern und spielenden Kindern. Kein privater Raum im Freien. Der vorhandene Raum im Freien ist ohne Schutz gegen Stadtlärm.

Schlußfolgerung:

Die malerische Gruppierung der Wohngruppe um eine gemeinsame Parkfläche vermeidet die Gefahren einzelner Autoeinfahrten, führt aber zu merkwürdigen Grundstücksformen. Die Außenräume sind im Grunde nicht zu benutzen. Funktionell gesehen, besteht kaum ein Unterschied gegenüber dem ersten Beispiel.

3 Organisation der Gartenstadt Radburn. Wright und Stein
20 Häuser/Wohngruppe   700 qm/Haus   6 Häuser/›acre‹
21 Personen/›acre‹

Kritik:

B Durch einzelne Garagen, so bequem sie sind, wird die Autozufahrt beeinträchtigt. Es gibt keine Möglichkeit für zeitweiliges Parken neben der Straße.

C Der Zugang zum Haus von entgegengesetzten Seiten macht den Eingang unübersichtlich. Der Eingang an der Fußgängerseite ist durch die Innenhöfe geschützt, aber der Eingang für Besucher und andere befindet sich auf der Seite für Dienstleistungen und ist ungeschützt.

E Weite Streuung und geringe Wohndichte vermindern die Störung durch Lärm. Der Fußgängerbereich ist gegen Lärm von Dienstleistungen gut geschützt. Es gibt keinen wirksamen Lärmpuffer zwischen den Häusern und der Dienstleistungs- und Autozone.

F Es gibt keine Einrichtung für Dienstleistungen und Müllabfuhr.

G Zwischen Verkehrs- und Parkzone besteht ausreichende Trennung, aber das Geschehen in der Dienstleistungszone wird sehr anziehend für Kinder sein (sie können jedoch in jedem Fall auf das beste beaufsichtigt werden, da die Küchen auf dieser Seite des Hauses liegen). Außer in den Häusern an der Peripherie ist der Schutz gegen Stadtlärm ausreichend.

Schlußfolgerung:

Radburn ist das klassische Beispiel des frühen Gartenstadt-Entwurfs. Während er die amerikanische Vorstellung ›Ein-Auto-pro-Familie‹ übernimmt, versucht er Fahrzeuge und Fußgänger voneinander zu trennen. Die großzügige Einrichtung des gemeinschaftlichen Parkraums wirft neue Probleme von Eigentum und Verantwortung auf.

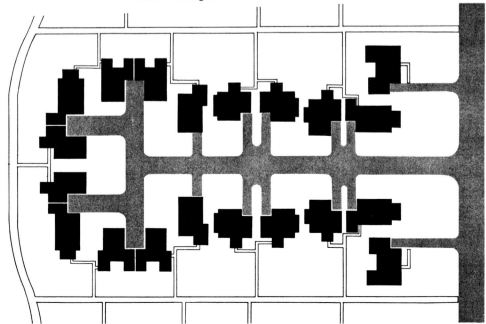

4 Wohngruppen-Organisation der Gartenstadt Baldwin Hills. Wright und Stein.
30 Häuser/Wohngruppe   500 qm/Haus   8 Häuser/›acre‹
28 Personen/›acre‹

Kritik:
B Das Parken ist – von einigen Engstellen abgesehen – gut organisiert. Die Zugangspunkte für Fußgänger sind weit verstreut und erschweren die Kontrolle.
C Der Eingang auf der Parkplatzseite ist visuell und akustisch durch den Privathof geschützt. Der Eingang von der Fußgängerseite aus ist allen lokalen Störungen ausgesetzt.
E Privathöfe bilden einen Puffer zwischen Fahrzeugen und Wohnungen, aber es besteht kein Schutz gegen Lärm von Nachbarhäusern, der wahrscheinlich stören wird.
F Dienstleistungen und Müllabfuhr nehmen die Parkfläche weitgehend in Beschlag.
G Form und Lage des Parkplatzes beschränken die Entfernung zwischen Haus und Auto auf ein Minimum, machen jedoch die Aufsicht über Kinder unmöglich. Der Kinderspielplatz liegt so, daß dieser Fehler noch schwerer wiegt. Die Separierung von Fußgängern und Autos ist gut. Außer an der Peripherie sind die Häuser gegen den Stadtlärm geschützt.

Schlußfolgerung:
Eine verbesserte Version des Radburn-Prinzips von denselben Planern. Die Autounterbringung ist erweitert und konzentriert worden. Zwischen Fahrzeugen und Wohnungen gibt es eine Pufferzone. Der Raum im Freien ist gezielter für Benützung und Vergnügen zugeschnitten. Auf Kosten von Privatraum im Freien stellt der Entwurf eine großzügige gemeinsame Gartenfläche zur Verfügung.

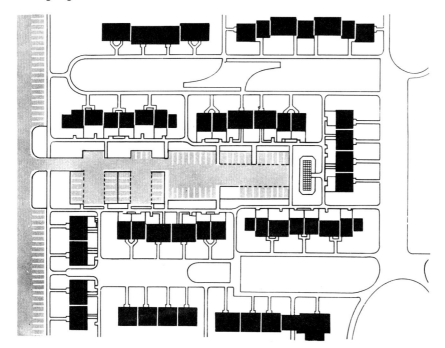

5 Wohngruppen-Organisation der Gartenstadt Eastwick. Greentown Associates
44 Häuser/Wohngruppe 465 qm/Haus 9 Häuser/›acre‹
32 Personen/›acre‹

Kritik:
B Es gibt keine Übergangszone. Der zentrale Platz ist sowohl für das Parken auf wie neben der Straße angelegt. Fußgänger müssen die Lieferanten-Straße überqueren, um zu ihren Autos zu kommen.
C Trotz teilweisen Schutzes sind die Eingänge infolge der kreisförmigen Anordnung von fast allen anderen Wohnungen aus sichtbar.
E Der gemeinschaftliche Platz im Freien ist durch die Wohnungen selbst vor dem Verkehrslärm geschützt. Die Wohnungen sind durch Privathöfe vor örtlichem Lärm geschützt. Der akustische Vorteil von Zimmern auf der Außenseite wird durch den Hof auf der Innenseite wieder aufgehoben – die schlechteste Wahl, die getroffen werden konnte. Der Hof fängt alle lokalen Geräusche auf, die er an alle Wohnungen weitergibt.
F Dienstleistungen und die Müllabfuhr spielen sich im Mittelpunkt des gemeinschaftlichen Lebens ab.
G Einige Teile des gemeinschaftlichen Gebietes sind von den Fahrzeugen abgetrennt. Alle Räume außerhalb des Hauses gehen ineinander über – die Trennung ist nicht konsequent durchgeführt –, so daß sie ungeeignet für Kinder und Tiere sind.

Schlußfolgerung:
Eine ›Arena‹. Die Parkfläche wird von Eingängen und Schlafzimmern der aneinandergebauten Reihenhäuser umrahmt. Die Verwendung der Parkfläche und Dienstleistungsstraße als Brennpunkt ist sehr fragwürdig. Die Form der Wohngruppe läßt den Fußgängerverkehr im Freien weitgehend unberücksichtigt. Es ist kein angemessener Raum für Gemeinschaftseinrichtungen vorgesehen und viel Platz verschwendet.

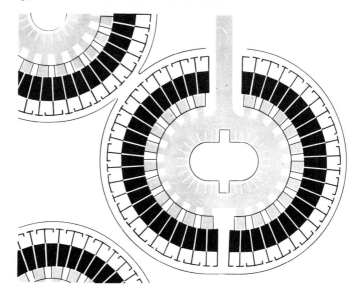

6 Modifizierte Organisation der Garten-Stadt Blackheath, London. Eric Lyons
76 Häuser/Wohngruppe   420 qm/Haus   10 Häuser/›acre‹
34 Personen/›acre‹

Kritik:
B Parkplätze und Einzelgaragen für die Wohnungen sind verstreut. Die Unterbringung der Autos ist planlos, und es gibt keine Lieferantenzone.
C Der Eingang zu den Atriumhäusern ist gut geschützt. Die anderen Wohnungstypen haben Eingänge, die visuell und akustisch schwierig abzuschirmen sind.
E Es fehlt jeder Versuch, innerhalb oder außerhalb des gemeinschaftlichen Bereiches vor Lärm zu schützen.
F Dienstleistungen verursachen genauso viele Störungen wie in bestehenden Straßensystemen.
G Fahrzeuge und Fußgänger sind nicht voneinander getrennt. Viele Wohnungen an der Peripherie sind gegen Verkehrslärm nicht geschützt.

Schlußfolgerung:
Der Entwurf ist eine Mixtur von Wohnungstypen für ein Gebiet mittlerer Wohndichte. Die Parkfläche ist unzureichend und nicht klar vom Fußgängerbereich im Inneren abgetrennt. Ein ›Bühnenbild‹, das viele Realitäten von heute ignoriert.

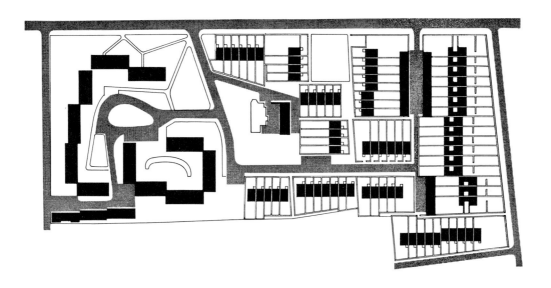

7 Das ›logische‹ Diagramm, eine neue Siedlungseinheit
Hilberseimer
70 Häuser/Wohngruppe   300 qm/Haus   14/Häuser/›acre‹
50 Personen/›acre‹

Kritik:

C Die Wohnungseingänge sind visuell geschützt; aber jede Tätigkeit in den engen Gängen verursacht Lärm, der störend in das Schlafzimmer des nächsten, unmittelbar gegenüberliegenden Hauses dringt.

E Die gemeinschaftlichen Bereiche sind von den Wohnungen getrennt; sie sind ohne Kreuzen des Verkehrs nicht erreichbar. Für die Herabsetzung des Lärms zwischen den Häusern ist durch konsequente Planung und Anordnung gesorgt. Ständige Konflikte innerhalb der Familien jedoch wird das Vorhandensein von nur einem Raum im Freien auslösen. Die Grenzen zwischen den verschiedenen Bereichen sind klar gezogen.

F Für Dienstleistungen und Müllabfuhr bestehen keine besonderen Vorkehrungen, was wahrscheinlich den normalen Straßen- und Fußgängerverkehr stören wird.

G Die Finger des ›Sackgassen‹-Straßenplans dienen einer zu großen Anzahl von Wohnungen, so daß der Verkehr unnötig konzentriert wird. Der Verkehr ist vom Fußgängerbereich nicht klar getrennt. Für Kinder besteht besondere Gefahr. Nur auf einer Seite der Wohngruppe sind die Wohnungen durch Garagen vor dem Verkehrslärm geschützt.

Schlußfolgerung:

Keine Stufe in der Entwicklung dieses theoretisch korrekten Organisationsplanes berücksichtigt die humanisierenden Elemente von Vielfalt und Abwechslung. Die tödlich monotonen Eigenschaften eines Rasterplanes werden betont.

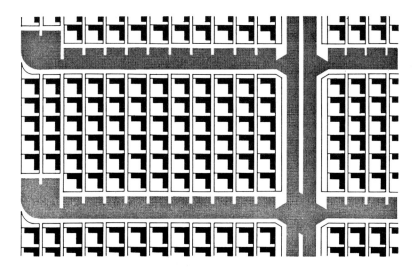

8 Weiterentwicklung des logischen Diagramms. Holzbauer, Arbeitsgruppe 3/4
23 Häuser/Wohngruppe   280 qm/Haus   14 Häuser/›acre‹
51 Personen/›acre‹

Kritik:
B Als Übergangszone zwischen Verkehr und Fußgängern sind die Parkflächen gut organisiert. Je ein Parkplatz für vier Wohngruppen liegt abseits vom Verkehr und ist mit Vorrichtungen für Wetterschutz und Unterbringung ausgestattet.
C Die Eingänge zu den Wohnungen sind gut geschützt. Ummauerung und Aufgliederung der gemeinschaftlichen Räume erleichtern die visuelle und akustische Abschirmung.
F Jede Wohngruppe von vier Häuserkomplexen verfügt über öffentliche Einrichtungen und gemeinschaftliche Nutzräume. Der Müllsammelplatz könnte in den Nutzräumen untergebracht werden.
G In jeder Wohngruppe liegen an den Kreuzungspunkten der Fußgängerwege Erholungs- und Kinderspielplätze. Fußgänger und Fahrzeuge sind klar voneinander separiert. Die Entfernungen vom Auto zur Wohnung sind relativ groß; aber kleine, zweirädrige Handwagen könnten diesen Nachteil aufheben. Außenliegende Wohnungen sind gegen den Stadtlärm nicht geschützt.

Schlußfolgerung:
Ein linearer Entwurf zwischen großen Autostraßen mit parallel liegenden Parkplätzen für Wohngruppen verschiedener Wohntypen. Ein Park zwischen den Wohngruppen enthält Kindergärten, Spielplätze, Altersheime usw. (die nur periodisch von Autos beliefert werden müssen). Das System des Fußgängerverkehrs gestaltet den Raum vielfältig und stellt Zentren für die gemeinschaftliche Aktivität bereit. Vollkommene Raumnutzung. Ein ebenfalls für Wien entwickelter Entwurf von Roland Rainer enthält viele ähnliche Züge.

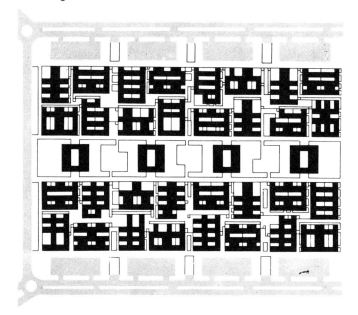

9 Stadt-Wohngruppe. Bostoner Chapter der CIAM
35 Häuser/Wohngruppe   370 qm/Haus   11 Häuser/›acre‹
39 Personen/›acre‹

Kritik:

B Die Parkfläche ist ausreichend; Lieferwagen usw. könnten wahrscheinlich untergebracht werden. Es gibt einen großen, zum Teil überdachten Empfangsraum. Feuerwehr kann bis auf Schlauchlänge heranfahren.

C Die Eingänge liegen gut geschützt, wenn der äußere Vorplatz mit Wänden umgeben wird. Wo die Eingänge einander gegenüber liegen, werden gegenseitige Störungen nicht zu vermeiden sein.

E Im Empfangsraum könnten öffentliche Einrichtungen untergebracht werden. Durch sorgfältige Planung der Gruppen könnten klare Grenzen gezogen werden. Die Häuser, die am Parkplatz oder an der Dienstleistungszone liegen, sind gegen Lärm nicht geschützt.

F Die Müllabfuhr muß die Fußgängerwege kreuzen; für den Müll ist keine Vorsorge getroffen. Eine wahllose Verteilung der Häuser kompliziert die Planung von öffentlichen Einrichtungen.

G Verschiedene Erholungs- und Spielplätze können auf der Parkseite eingerichtet werden. Die Separierung von Fußgängern und Fahrzeugen ließe sich verwirklichen. Die Entfernung von der Wohnung zum Auto ist gering.

Schlußfolgerung:

Eine Wohngruppe aus zweistöckigen Fertighäusern, die als flexible Einheit für einen großen Sektor entworfen ist. Gemeinschaftliche Parkfläche und ein Fußgänger-Empfangsraum, der durch Wände geschützt werden müßte, um seinen Zweck zu erfüllen. Die Häuser sind über angenehme Fußgängerwege zu erreichen. Benachteiligt sind die Häuser, die die Parkfläche flankieren. Der private Raum im Freien ist nicht gegen Nachbarn geschützt.

10 Weiterentwicklung des CIAM-Schemas. Billerica Projekt, Joseph Zalewski
44 Häuser/Wohngruppe   370 qm/Haus   11 Häuser/›acre‹
39 Personen/›acre‹

Kritik:
B Genügend Park- und Wendeplatz für Fahrzeuge. Der Übergang vom Hauptstraßenverkehr ist ausreichend. Es gibt keine zentralen Empfangs- bzw. Annahmestellen. Jede Gruppe ist um die Auto- und Dienstleistungszone konzentriert.
C Fast die Hälfte der Eingänge liegt ungeschützt und offen zum Parkplatz. Dieser Parkplatz erschwert den Schutz der Eingänge vor lokalem Lärm.
E Es gibt keine Zone für Dienstleistungen. Die Zugänge zu den Wohngruppen können nicht abgesperrt werden. Die Grenzen sind klar. Kleine Innenhöfe sind in bezug auf die Akustik gut angelegt. Die Parkplätze verursachen und verstärken lokalen Lärm.
F Müllabfuhr und Dienstleistungen stören alle um den Parkplatz stehenden Häuser.
G Die relative Dichte der Gebäude verringert den allgemeinen Stadtlärm. Freundliche Erholungs- und Spielplätze können entlang der Promenade angelegt werden. Kinder und Haustiere können vom Verkehr nicht ferngehalten werden. Die Entfernung von der Wohnung zum Auto ist gering.

Schlußfolgerung:
Fußgängerwege und Gemeinschaftsräume bilden ein Netz, das sich in das Straßenverkehrsnetz einfügt, und stellen zusammen eine kontinuierliche Fußgängerpromenade dar. Die Autoparkplätze liegen an der Peripherie. Der für Fußgänger bestimmte Raum im Freien und die Parkplätze sind nicht deutlich genug voneinander unterschieden, so daß Kinder sich wahrscheinlich in beiden Bereichen aufhalten werden.

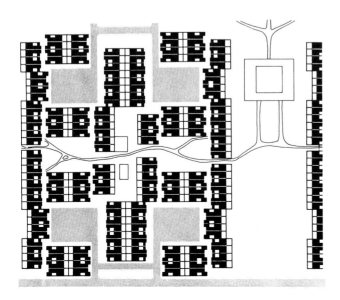

11 Stadterneuerungs-Gruppe. Yale School of Architecture.
D. E. R. Scott
44 Häuser/Wohngruppe   465 qm/Haus   10 Häuser/›acre‹
36 Personen/›acre‹

Kritik:
B Parken ist zwischen der vorhandenen Straße und einem Fußgängerbereich möglich, mit reichlichem Platz für andere Fahrzeuge. Es gibt keine überdachte Empfangsstelle; sie könnte aber geschaffen werden.
C Der private Charakter des Einganges ist außer dort, wo zweistöckige Häuser Einblicke ermöglichen, durch Innenhöfe gewährleistet.
E Die Zugänge könnten geschützt werden. Es gibt klare Grenzen. Die große Dichte und Lage der Innenhöfe schirmt die Häuser gegen städtischen Lärm ab.
F Müllabfuhr und Dienstleistungen könnten an die Peripherie verwiesen werden.
G Die Trennung zwischen Fußgängern und Fahrzeugen ist gut; der Zugang zum gemeinschaftlichen Bereich ist nur durch klar gegliederte Eingänge möglich. Die an der Straße liegenden Wohnungen sind nicht gegen städtischen Lärm geschützt.

Schlußfolgerung:
Dieses Projekt benützt ein System von Wohngruppen in einem vorhandenen Sektor der Stadtsanierung. Gemeinschaftliche Einrichtungen werden vernachlässigt. Sie könnten jedoch noch eingefügt werden. Die Parkplätze liegen an der Peripherie; Fußgängerwege sind nach dem Fischgrätenmuster angelegt.

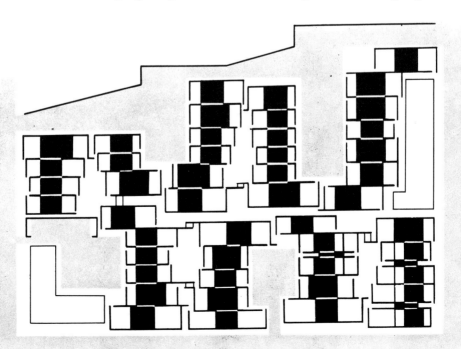

12 Stadt-Wohngruppe. Yale School of Architecture.
Bearbeiter: Kozinsky
6 Häuser/Wohngruppe   330 qm/Haus   12 Häuser/›acre‹
42 Personen/›acre‹

Kritik:
B Die Übergangszone für die Parkplätze ist nicht ausreichend. Eine geschützte Empfangsstelle könnte geschaffen werden.
C Kleine Höfe schützen die Hauseingänge, können aber auch störenden Lärm hervorrufen.
E Der Wohngruppe fehlt eine zentrale Einrichtung für Müllbeseitigung und Dienstleistungen. Der Zugang zu den Höfen kann abgeriegelt werden. Die Grenzen sind deutlich. Gut verteilte und durch Wände geschützte offene Räume verringern den städtischen Lärm. Die Schlafzimmerhöfe der vier Häuser, die die Parkfläche flankieren, sind benachteiligt.
F Es gibt keine besonderen Einrichtungen für die Müllabfuhr.
G Eine Wohngruppe allein ist zu klein, um Erholungs- oder Spielplätze einzubeziehen; höchstens die Innenhöfe könnten dafür benutzt werden. Für Schutz gegen städtischen Lärm könnte gesorgt werden. Die Entfernung zwischen Wohnung und Auto ist gering.

Schlußfolgerung:
Eine in sich geschlossene, zweckmäßige Wohngruppe aus sechs einstöckigen Häusern für ein kleines Grundstück. Wegen der geringen Anzahl der Häuser lohnen sich keine Gemeinschaftseinrichtungen, solange die Wohngruppe nicht Teil einer größeren ist.
Zusätzliche Park- und Lieferantenzonen wären auf der Zufahrtsstraße einzurichten.

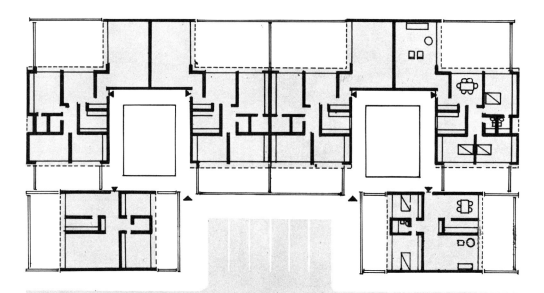

13 Stadt-Wohngruppe. Alexander, Meunier, P. Chermayeff, Reynolds, Christie
20 Häuser/Wohngruppe   280 qm/Haus   14 Häuser/›acre‹
51 Personen/›acre‹

Kritik:
B   Parken seitlich der Einbahnstraßen; besonderer Parkraum für Lieferwagen. Geschützte Empfangsstelle. Klarer Übergang zum Einbahnverkehr. Noteingang über die Parkfläche.
C   Alle Eingänge werden durch Höfe geschützt. Der Eingang ist überdacht. Kein Eingang liegt einem anderen gegenüber, wodurch der private Charakter soweit wie möglich gesichert ist. Fußgängerwege reduzieren den Lärm an den Eingängen auf ein Minimum.
E   Der Versorgungs- und Gemeinschaftsbereich ist separat angelegt. Die Grenzen sind deutlich. Die Zugänge können abgeriegelt werden. Die Aufgliederung des Raumes schafft günstige akustische Bedingungen für die Privatbereiche im Freien. Außerdem wird der Lärm durch Verteilung des Fußgängerverkehrs vermindert.
F   Der Müllsammelplatz ist ein abgeschlossener, isolierter Raum. Strom, Wasser, Gas werden zentral kontrolliert. Das Leitungsnetz ist von den Fußwegen aus zugänglich.
G   Verschiedene innen gelegene Erholungs- und Spielplätze befinden sich an Wegen ohne Eingänge. Kinder und Haustiere sind völlig von den Fahrzeugen getrennt. Die Entfernung von den innen liegenden Wohnungen zu den Autos ist relativ groß, aber dieser Nachteil läßt sich durch kleine, zweirädrige Handwagen beheben, die in der zentralen Empfangsstelle unterzubringen sind. Jede der aus einstöckigen Atriumhäusern und Wegen bestehenden Wohngruppen ist durch Wände abgeschirmt und so gegen den Stadtlärm weitgehend geschützt.

Schlußfolgerung:
Dieser Plan ist eine Übersetzung unserer analytischen Diagramme in eine Wohngruppe, die sowohl in einen linear oder blockartig angelegten Sektorplan mit Hauptstraßenzufahrten, als auch in einen Plan mit kleineren Einzelbereichen und Einbahnzufahrten für Lieferwagen eingegliedert werden könnte. Ein vollständiges Fußgängerwegesystem verbindet alle Bereiche. Gemeinschaftseinrichtungen und die Dienstleistungszone bilden gleichzeitig eine Barriere zwischen Fahrzeugen und Fußgängern und einen Schwerpunkt für gemeinschaftliche Tätigkeiten.

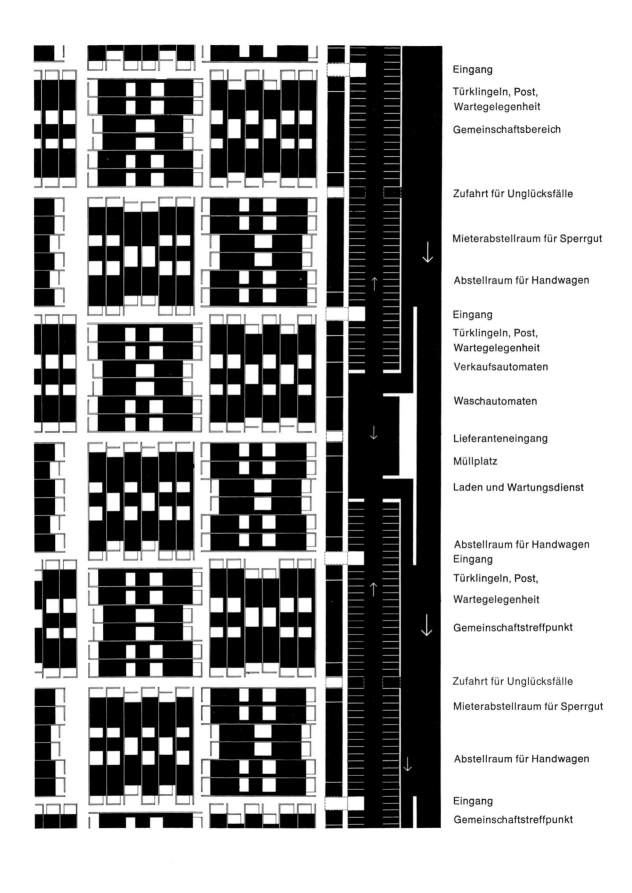

13 Anatomie der Privatsphäre

Hierarchien der Verbindungsglieder
Gliederung der Wohnung
Der Raum im Freien
Das eigene Zimmer
Der häusliche Herd
Der Wirtschaftsbereich
Die klimatische Hierarchie
Schleusen in Aktion
Die schützende Wand
Kritik typischer Projekte

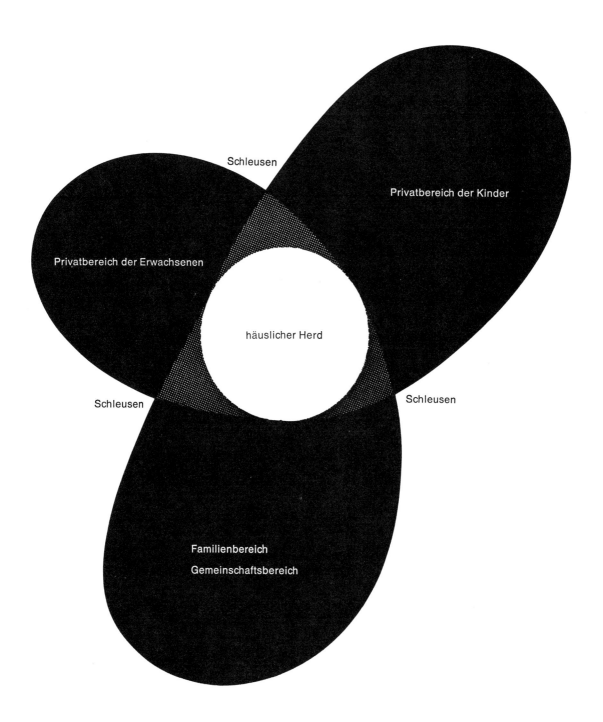

Anatomie des Wohnbereiches: der Mensch

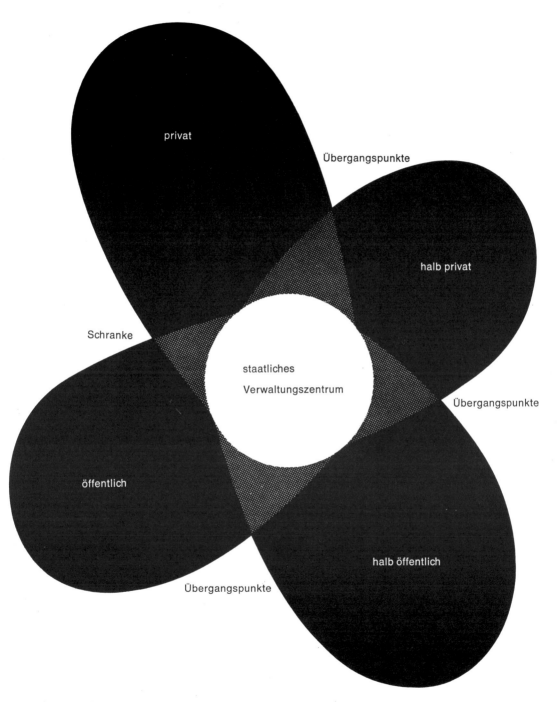

Anatomie der städtischen Bereiche: Gebiete der Verantwortung

›Gute Gestaltung bedeutet auf die Grundlagen zurückgehen: ein Kind bei der Beschäftigung in einer gesicherten und friedlichen Welt; ein Liebespaar in einem Zimmer, in das der Duft des Flieders oder das helle Zirpen der Grille aus dem tiefer gelegenen Garten dringt.
. . das Kind hat genauso ein Recht darauf, mehr an Platz zu haben als nur ein Bett – ein Zimmer, wo es spielen und herumlaufen kann, einen Platz, an den es sich in Ruhe zurückziehen und wo es arbeiten kann. Kein Wohnmodell, das für das Kind nur kleine, abgeteilte Schlafräume oder Ankleidezimmer vorsieht oder das es ständig in die Gesellschaft der Erwachsenen zwingt, ist zufriedenstellend.‹
Lewis Mumford, ›The Culture of Cities‹, 1938

›,Papa! Ich will 'rein!'
‚Nein, geht nicht. Hau ab!'
‚Aber Papa! Ich muß wohin!'
‚Dann geh sonstwo hin! Verschwinde. Ich bade gerade.'
‚Pa-pa! Ich muß wohin!'
Zwecklos! Ich kannte das Notsignal. Das WC ist im Badezimmer . . wie es gewöhnlich der Fall ist in einem Haus wie dem unseren. Ich zog den Stöpsel aus der Badewanne und trocknete mich notdürftig so schnell als möglich ab.‹
George Orwell, ›Coming Up for Air‹, 1939

Unabhängig von Funktion und Format vervielfachen sich die verschiedenen Bereiche der modernen Welt, sie verändern sich schnell und sind einer Vielfalt zwischen ihnen entstehender Konflikte unterworfen. Diese Bereiche lassen sich nicht nur abstrakt unter dem Gesichtspunkt von Funktion oder Notwendigkeit darstellen, sondern sie lassen sich präzise beschreiben unter dem Gesichtspunkt physischer, wahrnehmbarer Eigenschaften. Die Konflikte zwischen den Eigenschaften können sehr real und scharf umrissen sein. Die Abgeschlossenheit eines jeden Raumes, die Wahrung seiner besonderen, sorgfältig unterschiedenen Umwelteigenschaften, hängt von den physischen Elementen ab, die für Trennung, Isolierung, Zugang und kontrollierte Verbindung zwischen den Bereichen sorgen.
Wir haben die Hierarchien der Bereiche untersucht. Sobald man sich vergegenwärtigt, daß die Verbindungsglieder zwischen den Bereichen selbst physische Elemente von großer Bedeutung sind, erkennt man, daß es eigentlich diese Elemente sind. denen der architektonische Plan die hierarchische Struktur verdankt.
Fahrzeuge und Fußgänger müssen streng voneinander getrennt sein; benachbarte Häuser müssen gegen Feuer, Lärm und andere von außen kommende Einflüsse isoliert werden; und die Außen-

wand der Wohnung muß den Innenraum vor unwirtlichem Klima schützen. Barrieren, Modulatoren und ähnliche Einrichtungen, fest eingebaut oder nicht, müssen Lebewesen, Licht und Lärm abschirmen, Erwünschtes von Unerwünschtem trennen. Die geeignete Trennvorrichtung wirkt als Verbindungsglied. Das wichtigste Ergebnis unserer detaillierten Analyse besteht in der Erkenntnis, daß jedes Verbindungsglied seine eigene Form hat. Begriffe wie Schallwand, Barriere, Puffer, Abschirmung, Filter, Übergangsstelle, Schleuse, Kreuzung, Grenze dienen der groben Unterscheidung. Obwohl sie eine Art Familie bilden, sind sie letztlich voneinander verschieden und werden durch ihre besondere Position in der Hierarchie bestimmt. Es wäre ein Fehler anzunehmen, daß die Ergebnisse unserer Analyse für alle Facetten der Stadtgestaltung gelten. Nur das allgemeine Prinzip ist universal.

Der von uns gesuchte Wohnungsentwurf muß spezielle Komponenten enthalten, analog denen der oben analysierten Wohngruppen. Doch bevor wir diese näher bestimmen können, müssen wir die Attribute beschreiben, die unsere Vorstellung von Privat- und Gemeinschaftssphäre postuliert, und ebenso die Bereiche innerhalb der Wohnung, auf die sie sich beziehen sollen.

Die Wohnung für eine Familie muß mit der Natur in unmittelbarer Berührung stehen. Da diese Wohnung sich aus einer Reihe sorgfältig gegliederter Bereiche zusammensetzen soll, von denen jeder in sich abgeschlossen sein muß, so muß zu jedem Bereich innerhalb des Hauses auch ein eigener Raum im Freien gehören. Ebenso wie es in der Stadt eine Hierarchie der vom Menschen geschaffenen Bereiche geben muß, erfordert auch die Freude an der Natur eine eigene Hierarchie verschiedener Abstufungen und Unterteilungen, die von der weiten Naturlandschaft bis zum kleinen, kultivierten eigenen Platz im Freien reicht.

Zum anderen muß jede Wohnung eine akustische Hierarchie aufweisen, die in engem Zusammenhang steht mit dem Genuß an Sonne, Luft und Licht, so daß man auf dem eigenen Platz im Freien jeden noch so leisen Laut wahrnehmen und erleben kann. Die Frage der Integrität der häuslichen Bereiche, welche Konzentration, Kontemplation und Selbstbewußtsein fördern und nicht etwa behindern sollen, beginnt mit der Berücksichtigung der Alters-, Geschlechts- und Interessenunterschiede. Insbesondere muß die Abgeschlossenheit, die in dem Wort ›Schlafzimmer‹ als dem Bereich für Einsamkeit, Ruhe, Schlaf und Liebe anklingt, berücksichtigt werden. Dieses Ziel ist offensichtlich leichter zu erreichen, wenn einiges aus dem Schlafzimmer verbannt wird, was dort heute normalerweise zu finden ist: Abstellmöglichkeit für persönliche Gegenstände, Einrichtungen zum Waschen, Ankleiden und Auskleiden, Toilettengegenstände u. a. All dies können die zwischen der privaten Welt und der Welt der Familie notwendigen Trennräume oder Pufferzonen aufnehmen.

An die Stelle unentrinnbaren Zusammenseins muß die Möglichkeit freiwilliger Gemeinsamkeit treten. Das heißt, daß vor allem die verschiedenen Interessen beachtet werden müssen, die in einer durchschnittlichen Familie von Erwachsenen und Kindern vorhanden sind. Es müssen getrennte Bereiche eingerichtet werden, in denen jede Gruppe ungestört das tun kann, wozu sie Lust hat. Solche getrennten Räume lassen sich durch einen kombinierten Arbeits- und Unterhaltungsraum ergänzen, der vielleicht den häuslichen Herd als alten Familienmittelpunkt ersetzen könnte.
Genügend Beachtung muß auch den neuen Wirtschaftsräumen geschenkt werden, die wesentliche Bestandteile eines modernen Haushaltes sind: Kontrollmechanismen, Abstellräume, Strom, Telefon, Wasser, Gas und Kommunikationsmittel sind in einer Gesellschaft des technischen Fortschritts von lebenswichtiger Bedeutung. Einige Geräte sind im ›mechanischen Zentrum‹ schon gut untergebracht: Apparate zur Verarbeitung und Konservierung von Nahrungsmitteln, Klimakontrollanlagen und Rohrinstallationen. Aber elektrische Geräte wie Telefon, Radio, Fernsehen, Plattenspieler, Film- und Diapositiv-Projektionsapparat sind noch nicht richtig untergebracht.
Bequemlichkeit, körperlicher Komfort und Hygiene sollten ebenfalls beachtet werden. Wie oben schon erwähnt, stellen Kleider und Autos ein tragbares Schutzdach dar. Zwischen der relativ unkontrollierbaren oder sogar feindlichen weiteren Umwelt und dem leicht zu kontrollierenden kleineren Raum ließe sich leicht eine Reihe von Berührungspunkten finden. In der weiteren Umwelt muß der Mensch so gekleidet sein, daß er den Ansprüchen der Gesellschaft und des Klimas genügt. In seiner engeren Umwelt, dem Privatbereich, braucht er sich nur so zu bekleiden, wie er will.
Gegenwärtig ist der zivilisierte, unpraktisch angezogene Mensch zum ständigen An- und Ausziehen von Überkleidung verurteilt – das ist eine Notlösung, die ihn in den meisten Fällen nicht einmal passend gekleidet zurück läßt. Vielleicht wäre es besser, das Auto eher zurückzulassen und zu Fuß zu gehen, als man es im allgemeinen tut; der rasche Klimawechsel vom Auto zur Wohnung könnte gemildert werden; ohne Verzicht auf Bequemlichkeit könnte das Auto in größerer Entfernung abgestellt werden.
Die Kleider für draußen könnten jeweils am Eingang der Wohnung an- oder abgelegt werden, womit gleichzeitig der Innenraum vor Schmutz und Ansteckung geschützt würde. Im kontrollierten Innenraum könnte man nach privatem Geschmack passende Gewänder anlegen – in bester japanischer Tradition.
Um die Hierarchie klimatischer Bedingungen zu vervollständigen, könnte der Privatbereich in bezug auf Temperatur, Feuchtigkeit und Luftbewegung für nackte und fast nackte Körper eingerichtet werden. Der Übergangspunkt zwischen dem privaten und dem

Familienbereich fungierte dann gleichzeitig als klimatische Trennungszone zwischen Räumen für Unbekleidete und für Bekleidete.

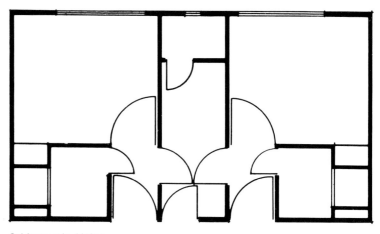

Schleusen in Aktion

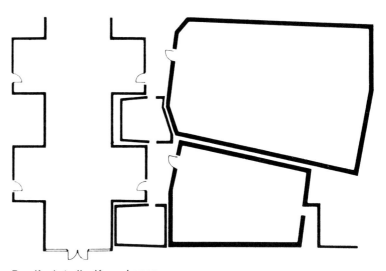

Rundfunkstudio, Kopenhagen

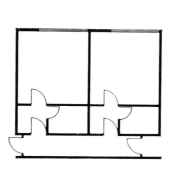 

Hotel, typische Schlafzimmereinheit   Atriumhaus, innerste Privatsphäre

Die Idee von Schleusen zwischen verschiedenen Tätigkeitsbereichen ist nichts Neues. In Krankenhäusern trennen Desinfektionsräume die für mehrere Zwecke bestimmten, nicht sterilen Bereiche von keimfreien Räumen, wie etwa den Operationssälen. Alle Personen und Gegenstände müssen die Desinfektionsräume passieren. Dasselbe Prinzip wird in den Rundfunkstudios angewandt, in denen akustische Schleusen die Produktionsräume vom Verkehrslärm trennen. Weniger anspruchsvolle Schleusen sind in modernen Hotels üblich, in denen zwischen dem Korridorlärm und dem Schlafraum eine Pufferzone, mit Vorraum und Badezimmer, liegt.

In den genannten Beispielen ist der Schleusenraum jedoch in Wirklichkeit ein Durchgang: ein zweitrangiger Übergang zwischen zwei Hauptzonen. Nach unserer Absicht soll er ebenso wichtig werden wie jeder andere Tätigkeitsbereich.

Nicht nur die Schleuse, sondern auch die Barriere ist uns in ihrer alten, vertrauten Form bekannt. Die wirksamste totale Barriere ist die Wand.

Ein zu umfriedender Bereich läßt sich in unendlich vielfältiger Weise einfassen durch Wände aus altbekanntem Material, ›so gewöhnlich wie Dreck‹.

Wände sollten ihren eigentlichen Zweck wieder erfüllen als Sicherheitsvorkehrung, als visuelle Barrieren und vor allem – bei angemessener Stärke – als akustische Barrieren. In begrenztem Ausmaß kann sogar ein ummauerter Außenraum einen großen Teil des von außen kommenden Lärms abhalten.

Die Unterteilung des Hauses in funktionale Zonen hängt von der angemessenen Trennnug der sozial definierten Bereiche ab. Wände und Trennräume müssen die Erwachsenen und ihr Privatleben von Kindern und deren Privatleben separieren und beide von dem Gemeinschaftsbereich der Familie, wo alle unter angenehmen Bedingungen zusammensein können.

Unter dem Gesichtspunkt unserer Zielsetzung werden wir im folgenden eine Reihe von Hausentwürfen daraufhin untersuchen, ob sie die sozial definierten Bereiche in angemessener Weise voneinander trennen und ob Schleusen und Barrieren zwischen ihnen vorgesehen sind, so daß die individuelle Geschlossenheit gewährleistet und die Privatsphäre ebenso stark wie die Gemeinschaftssphäre berücksichtigt wird. Wie die Entwürfe von Wohnungsgruppen betrachten wir die Häuser unter dem Aspekt der Gliederung; es geht uns dabei nicht um Besonderheiten von Materialien und Mechanismen oder um ästhetische Werte.

Die für unsere Analyse gewählten Hausentwürfe sind repräsentative Beispiele ›gut entworfener‹ Häuser. Sie lassen sich in der folgenden Weise leicht einteilen:

Einfamilienhäuser des ländlichen Vorstadt-Gebiets. Sie stehen in Gegenden mit relativ geringer Bevölkerungsdichte, die niedrig genug ist, eine wirksame Separierung der Häuser zu ermöglichen, frei auf Miniaturgrundstücken, die nur nominell als ›eigener Grund und Boden‹ zu bezeichnen sind, oder umgeben von ausgedehnterem Privatbesitz.

Aneinandergebaute Häuser des städtischen Vorstadt-Gebietes. Kleine ein- oder mehrstöckige Häuser, jeweils mit Vor- und Hintergarten. Diese Reihenhäuser mit minimaler Straßenfront haben gemeinsame Seitenwände und sind für Gebiete mit relativ hoher Bevölkerungsdichte bestimmt.

Aneinandergebaute Häuser des Stadtgebietes. Die nach Einrichtung, Grundfläche und Gruppierung verschiedenen Entwürfe sind für Gebiete mit hoher Bevölkerungsdichte bestimmt. Zu jedem Haus gehört ein privater Platz im Freien.

Unsere Beispiele, die unter die oben genannten Kategorien fallen, sind auf Grund ihrer Veröffentlichung in Fachzeitschriften bereits vorweg ausgewählt. Unter konventionellen Gesichtspunkten sind alle Entwürfe von hoher Qualität. Unsere Kritik erfolgt natürlich nach anderen Kriterien, die sich aus unserem Engagement für die Probleme der Privat- und Gemeinschaftssphäre ergeben. Auf diesen Gesichtspunkt wird sich unsere Kritik beschränken.

Um die kritische Beurteilung zu vereinfachen und sie der detaillierten Wohngruppen-Analyse anzugleichen, werden bei jedem Beispiel die folgenden Fragen gestellt:

1 Gibt es eine Eingangs-›Schleuse‹, die für das Haus als Ganzes eine ausreichende Pufferzone gegen Belästigungen bildet? Fragen des Schutzes.

2 Ist der Bereich für die Kinder unmittelbar von außen zugänglich, so daß sie nicht den Privatbereich der Erwachsenen und die Familienbereiche durchqueren müssen? Fragen des Lärms, der Störung und des ›Schmutzes‹.

3 Gibt es eine Pufferzone zwischen dem Privatbereich der Kinder und dem der Eltern? Fragen des Lärms.

4 Gibt es eine ›Schleuse‹ für den Privatbereich der Eltern? Fragen des Lärms, der Störung und der Intimsphäre.

5 Kann ein ›Wohnzimmer‹ – als ruhige oder geräuschvolle Zone – vom Rest des Hauses akustisch isoliert werden? Fragen der Trennung zwischen geräuschvollen Beschäftigungen wie Unterhaltung, Vorlesen, ›Hören‹ und ›Sehen‹ und schweigsamen Beschäftigungen.

6 Sind die Außenräume privat, gibt es verschiedene? Fragen der Durchdringung der Bereiche von Kindern und Erwachsenen, des einzelnen und der Familie.

Zusätzlich zu den oben genannten, eher konventionellen Entwürfen werden auch einige noch in Entwicklung befindliche, prototypische Entwürfe untersucht, die unseren Kriterien zu genügen suchen:

Aneinandergebaute Atriumhäuser des Stadtgebietes: Häuser zu

ebener Erde, deren Ausstattungen variieren, die aber alle als ›ummauerte Zonen‹ entworfen und in verschiedene Bereiche unterteilt sind: die privaten der Erwachsenen und der Kinder und die der Familiengemeinschaft. Zu jedem Bereich gehört ein eigener Außenraum. Alle Häuser sind für hohe Bevölkerungsdichten und Wohn-Gruppierungen innerhalb eines Fußgängerbereiches bestimmt.

1 Häuser in Kalifornien auf 15,5 m breiten Bauplätzen. Jones und Emmons

Kritik:
1 Eingangs-Schleuse zum Haus? Nein.
2 Separater Eingang für Kinder? Ja.
3 Pufferzone zwischen Eltern und Kindern? Nein.
4 Schleuse am Schlafzimmer der Eltern? Ja.
5 Kann das Wohnzimmer isoliert werden? Nein.
6 Gibt es privaten Außenraum? Nein.

Schlußfolgerung:
Die Häuser mit Nachbarhäusern auf beiden Seiten stehen viel zu dicht beisammen, als daß man den Außenraum wirklich benutzen könnte. Dieser Nachteil wiegt um so schwerer, als das kalifornische Klima für ein Leben im Freien besonders günstig ist. Durch Bepflanzung sind lediglich visuelle Barrieren möglich; Lärm wird dadurch nicht ausgeschaltet.

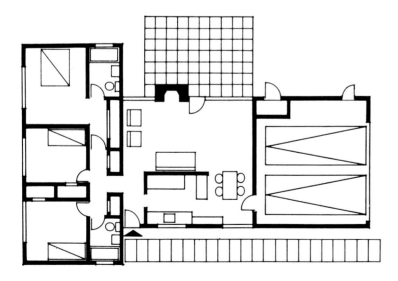

2 Einfamilienhaus. Techbuilt Homes, Inc. Carl Koch

Kritik:
1 Eingangs-Schleuse zum Haus? Nein.
2 Separater Eingang für Kinder?
   Ja. Wäre auch möglich durch Mehrzweckbereich.
3 Pufferzone zwischen Eltern und Kindern?
   Nein. Alle müssen entweder durch den Wohn- oder durch den Mehrzweckraum gehen.
4 Schleuse am Schlafzimmer der Eltern? Nein.
5 Kann das Wohnzimmer isoliert werden? Nein.
6 Gibt es privaten Außenraum?
   Ja. In begrenztem Maße. Nur der Balkon kann als Teil des elterlichen Bereiches angesehen werden.

Schlußfolgerung:
Dies ist ein typischer ›offener‹ Grundriß mit freundlichen Räumen. Ein Privatleben ist in visueller Hinsicht schwer und in akustischer Hinsicht unmöglich zu führen. Diese Schwierigkeit wird durch die offene Treppe und den erhöht liegenden Eingang noch verstärkt.

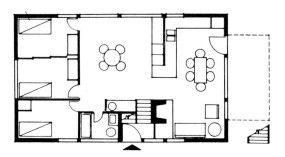

3 Reihenhaus. Hugh Stubbins

Kritik:

1 Eingangs-Schleuse zum Haus? Nein.
2 Separater Eingang für Kinder?
 Nein. Die Kinder müssen Eß- und Wohnzimmer durchqueren.
3 Pufferzone zwischen Eltern und Kindern?
 Die Wand des Abstellraums bietet einen Ansatz dazu, aber sämtliche Schlafzimmer öffnen sich auf einen sehr kleinen Flur; akustisches und verkehrstechnisches Durcheinander.
4 Schleuse am Schlafzimmer der Eltern? Nein.
5 Kann das Wohnzimmer isoliert werden?
 Nein. Es gibt kein ruhiges Zimmer.
5 Gibt es privaten Außenraum?
 Nein. Jeder Außenraum muß zwei einander widersprechenden Funktionen dienen.

Schlußfolgerung:
Privatsphäre und Ruhe sind in diesem Haus unmöglich.

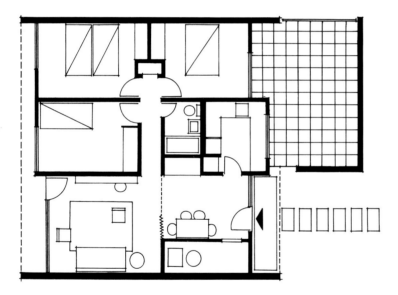

4 Haus in Kalifornien. Donald Olsen

Kritik:

1 Eingangs-Schleuse zum Haus?
 Nein. An keinem der vier Eingänge.
2 Separater Eingang für Kinder?
 Nein. Die Kinder müssen durch das große Wohnzimmer.

3 Pufferzone zwischen Eltern und Kindern?

Nein. Der freie Raum für Erwachsene dient als Pufferzone, ist aber visuell kein Privatbereich. Wenn es nicht gebraucht wird, dient das Wohnzimmer als Puffer.

4 Schleuse am Schlafzimmer der Eltern?

Nein. Eine Schiebetür ist unzureichend. Eine weitere Tür auf der anderen Seite des Badezimmers würde die Schleuse vervollständigen.

5 Kann das Wohnzimmer isoliert werden?

Nein. Es ist ein Kreuzungspunkt. Der Arbeitsraum hätte ein ruhiger Raum sein können, aber er liegt zwischen verschiedenen Eingängen. Der als Puffer zu verwendende Abstellraum beim Wohnzimmer ist gleichsam kurz geschlossen, weil er nur eine Tür hat.

6 Gibt es privaten Außenraum?

Ja. Gut aufgeteilt; in allen Partien wäre er zu einem Privatbereich zu machen.

Schlußfolgerung:

Ungeachtet aller Beanstandungen zeigt dieser Plan Ansätze zu einer sehr angemessenen Lösung. Da programmatische Forderungen für ein Privatleben fehlten, wurde keine folgerichtige Unterteilung in Tätigkeitsbereiche vorgenommen.

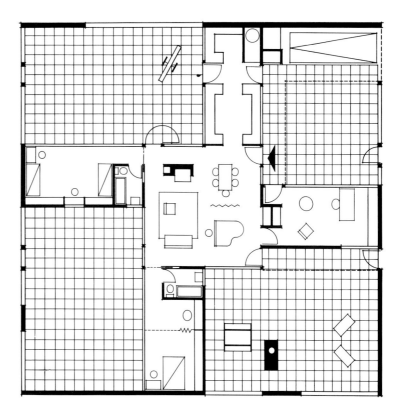

5 **Atriumhäuser.** Michigan. Mies van der Rohe

Kritik:

1 Eingangs-Schleuse zum Haus? Ja. Aber der Eingang liegt frei.
2 Separater Eingang für Kinder? Ja.
3 Pufferzone zwischen Eltern und Kindern?
   Nein. Im Durchgang spielt sich der ganze Verkehr ab. Nur eine Wand trennt Kinder und Eltern. Der gemeinsame Hof ist weder visueller noch akustischer Privatbereich.
4 Schleuse am Schlafzimmer der Eltern? Ja.
5 Kann das Wohnzimmer isoliert werden?
   Nein. Das Eßzimmer ist angesichts des vorhandenen Raumes vom Wohnraum nicht ausreichend abgetrennt.
6 Gibt es privaten Außenraum?
   Nein. Ein einziger Hof – daher keine privaten Bereiche.

Schlußfolgerung:

Die Tatsache, daß es nur einen einzigen Hof gibt, und dazu die offene Lage des Wohnflügels und des Schlafzimmerflügels mit Toiletten und Badezimmern, hebt viele mögliche Vorzüge dieses Entwurfs wieder auf.

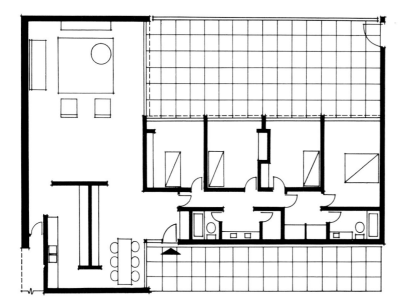

6 Atriumhäuser. London. Chamberlain, Powell und Bon

Kritik:
1 Eingangs-Schleuse zum Haus? Ja.
2 Separater Eingang für Kinder? Ja.
3 Pufferzone zwischen Eltern und Kindern?
 Ja. Zwei Treppen. Aber vom gemeinsamen Hof aus kann der Privatbereich des elterlichen Schlafzimmers visuell leicht gestört werden.
4 Schleuse am Schlafzimmer der Eltern?
 Zwischen Schlafzimmer und Wohnzimmer, Küche und Kinderschlafzimmer sind jeweils zwei Türen, aber das gemeinsame Badezimmer bedeutet eine Einschränkung.
5 Kann das Wohnzimmer isoliert werden?
 Nein. Kein ruhiger Raum.
6 Gibt es privaten Außenraum?
 Nein. Da kein anderer Raum im Freien vorhanden ist, entstehen in dem einzigen Innenhof Konflikte zwischen den Bereichen für die Eltern und denen für die ganze Familie.

Schlußfolgerung:
Vieles wurde ökonomischen Gesichtspunkten geopfert. Das elterliche Schlafzimmer wurde so weit wie möglich isoliert, aber das gemeinsame Badezimmer stellt die gute Anordnung wieder in Frage.

7 Terrassenhaus. Blackheath, London. Eric Lyons

Kritik:

1 Eingangs-Schleuse zum Haus? Ja.
2 Separater Eingang für Kinder?
   Ja. Die Treppen sind zur Eingangs-Schleuse hin offen und führen durch Türen direkt zu den Schlafzimmern.
3 Pufferzone zwischen Eltern und Kindern? Nein.
4 Schleuse am Schlafzimmer der Eltern? Nein.
5 Kann das Wohnzimmer isoliert werden?
   Ja. Aber das Arbeitszimmer sollte vor geräuschvollen Familientätigkeiten abgeschirmt werden.
6 Gibt es privaten Außenraum?
   Nein. Der Hof am Eingang ist öffentlich.

Schlußfolgerung:

Der Entwurf ist innerhalb sehr beschränkter Dimensionen teilweise gut, provoziert aber einen sehr bedenklichen Treppenhausverkehr. Für die Kinder gibt es keinen Außenraum.

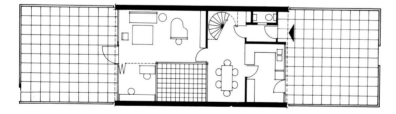

8 Atriumhaus. New Canaan. Eliot Noyes

Kritik:
1 Eingangs-Schleuse zum Haus? Ja.
2 Separater Eingang für Kinder? Ja.
3 Pufferzone zwischen Eltern und Kindern? Nein.
4 Schleuse am Schlafzimmer der Eltern? Nein.
5 Kann das Wohnzimmer isoliert werden?
 Wie bei vielen Entwürfen ist auch hier das Arbeitszimmer ein von dem Hauptwohnraum nur durch eine partielle Barriere – in diesem Fall durch einen großen Kamin – abgetrennter Raum. Da der Architekt dieses Haus für sich selbst entwarf, ist anzunehmen, daß ihm eine partielle Gemeinschaft lieber ist als ein strikt abgeschlossener Privatbereich.
6 Gibt es privaten Außenraum? Nein.

Schlußfolgerung:
Das Haus ist in zwei Zonen gespalten, wobei der konventionelle Eingangshof eine durch Badezimmer und Abstellräume noch verstärkte Pufferzone bildet. Völliges Alleinsein und Privatbereich wären nicht ohne beträchtliche Neuordnung zu erreichen.

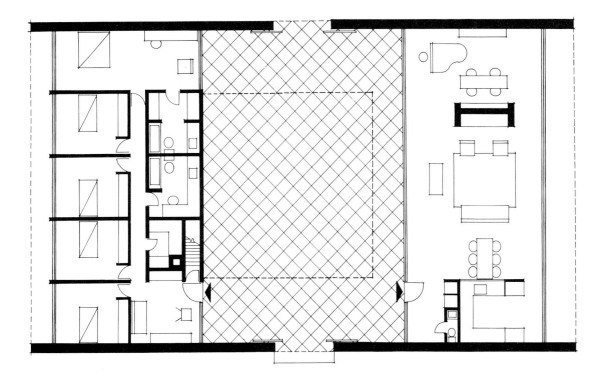

9 Reihenhaus. Rockefeller-Gästehaus, New York.
Philip Johnson

Kritik:
1 Eingangs-Schleuse zum Haus?
   Ja. Ansatzweise, aber nicht vollständig.
2 Separater Eingang für Kinder?
   Ja, wenn die Zimmer im oberen Stockwerk als Bereich der Kinder verwendet werden.
3 Pufferzone zwischen Eltern und Kindern?
   Ja. Das ganze Erdgeschoß bildet eine Pufferzone.
4 Schleuse am Schlafzimmer der Eltern?
   Ja. Der Innenhof dient als trennender Raum.
5 Kann das Wohnzimmer isoliert werden? Nein.
6 Gibt es privaten Außenraum?
   Ja. Der Hof kann sowohl auf der Schlafzimmerseite als auch auf der Wohnzimmerseite geschlossen werden.

Schlußfolgerung:
Dieses Haus, das für Gäste bestimmt ist, könnte ebensogut einer Familie dienen. Bei näherem Zusehen zeigt sich eine Hierarchie von mehr und mehr abgeschlossenen Privatbereichen.

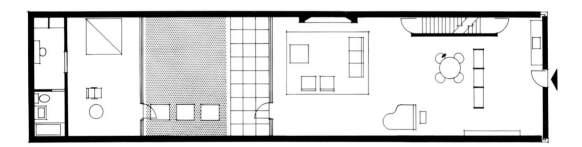

10 Haus in Louisiana. Colbert und Lowry

Kritik:
1 Eingangs-Schleuse zum Haus? Ja.
2 Separater Eingang für Kinder? Ja.
3 Pufferzone zwischen Eltern und Kindern? Ja.
4 Schleuse am Schlafzimmer der Eltern? Ja.
5 Kann das Wohnzimmer isoliert werden?
   Ja. Arbeits- und Fernsehzimmer in den beiden Schlafzimmerflügeln sind gegen andere Tätigkeitsbereiche gut abgeschirmt.
6 Gibt es privaten Außenraum? Ja. Mit zusätzlichen Wänden.

Schlußfolgerung:
Alleinsein, Privatbereich und Ruhe sind leicht zu erreichen in diesem gut gegliederten, aufwendigen Haus mit ungewöhnlich großer Grundfläche.

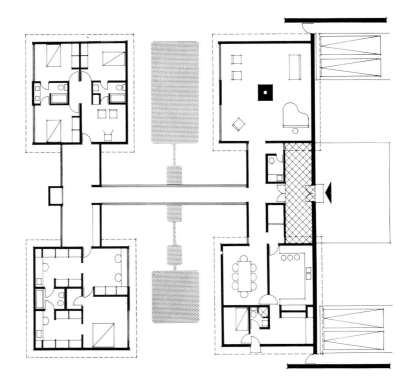

11 Haus in Kalifornien. Pierre Koenig

Kritik:

1 Eingangs-Schleuse zum Haus?
   Nein. Ließe sich aber einrichten.
2 Separater Eingang für Kinder?
   Nein. Die Kinder müssen durch das Wohnzimmer.
3 Pufferzone zwischen Eltern und Kindern? Ja.
4 Schleuse am Schlafzimmer der Eltern?
   Ließe sich für beide Schlafzimmer leicht einrichten.
5 Kann das Wohnzimmer isoliert werden? Nein.
6 Gibt es privaten Außenraum?
   Nur wenn das große Schlafzimmer und das Wohnzimmer zusammen als eine Zone angesehen werden.

Schlußfolgerung:

Doppelte Einrichtungen (bei Schlafzimmern und Badezimmern) ermöglichen eine gute Aufteilung und ein klares System von Schleusenräumen.

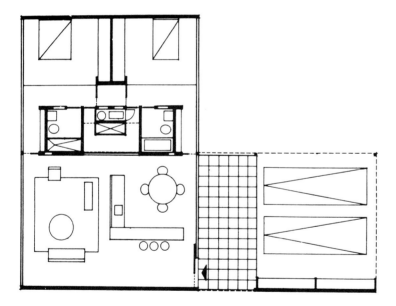

12 Haus in Michigan. Meathe und Kessler

Kritik:

1 Eingangs-Schleuse zum Haus? Ja.
2 Separater Eingang für Kinder? Ja. Durch das Familienzimmer.
3 Pufferzone zwischen Eltern und Kindern?
   Nein, aber sie ließe sich einrichten.
4 Schleuse am Schlafzimmer der Eltern?
   Nein, aber sie ließe sich einrichten.
5 Kann das Wohnzimmer isoliert werden? Ja.
6 Gibt es privaten Außenraum? Ja.

Schlußfolgerung:

Ein klarer bizonaler Grundriß mit einer durchgehenden Anordnung von Puffer- und Schleusenräumen zwischen Erwachsenen und Kindern, Familie und Gästen.

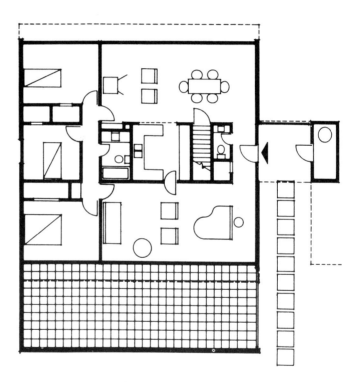

13 Zweistöckiges Reihenhaus für eine Wohngruppe.
Barry Coletti und Chermayeff

Kritik:

1 Eingangs-Schleuse zum Haus?
Ja. Das Hinzufügen einer Tür würde den Eingang noch mehr vom zentralen Verkehrsbereich isolieren.
2 Separater Eingang für Kinder?
Nein. Bei einem zweistöckigen Entwurf schwierig.
3 Pufferzone zwischen Eltern und Kindern?
Ja. Zentraler Hof und verschiedene Niveaus.
4 Schleuse am Schlafzimmer der Eltern? Ja.
5 Kann das Wohnzimmer isoliert werden?
Ja. Die Kinder haben eigenen Platz zum Spielen auf dem Flachdach, aber es gibt keinen separaten Familienraum.
6 Gibt es privaten Außenraum?
Ja. Aber da die Kinder Wohn- und Eßzimmer auch benutzen, dient der zentrale Hof zwangsläufig sowohl jenem Bereich wie auch dem großen Schlafzimmer.

Schlußfolgerung:

Die Bereiche der Erwachsenen und Kinder sind in diesem Haus in drei Ebenen gegliedert und ausreichend mit trennenden Räumen, die zum Ankleiden und für Zwecke der Hygiene dienen, ausgestattet. Die Kombination von Wohn- und Familienzimmer führt jedoch dazu, daß die Kinder den zentral gelegenen Hof benutzen, und beschränkt so die Privatsphäre des Erwachsenenbereichs.

14 Atriumhaus für eine Wohngruppe.
Frank Sweet und Chermayeff

Kritik:
1 Eingangs-Schleuse zum Haus? Ja. Doppelter Schleusenraum.
2 Separater Eingang für Kinder? Ja. Über den Hof der Kinder.
3 Pufferzone zwischen Eltern und Kindern?
   Ja. Familienzimmer und Hof.
4 Schleuse am Schlafzimmer der Eltern? Ja.
5 Kann das Wohnzimmer isoliert werden? Ja.
6 Gibt es privaten Außenraum?
   Nur teilweise. Zwei Schlafzimmer (einschließlich des Elternschlafzimmers) teilen sich in den zentral gelegenen Hof mit Küche und Eßplatz. Der Randhof wird vom Familienzimmer und einem Kinderschlafzimmer aus benutzt.

Schlußfolgerung:
Das Haus ist deutlich in zwei Bereiche für Erwachsene und Kinder geteilt, jeder wirksam durch Trennräume geschützt. Der zentral gelegene Familienbereich einschließlich Küche und Badezimmer dient als Puffer zwischen Wohn- und Kinderzimmer. Daß die beiden Schlafzimmer sich zum Familienhof hin öffnen, ist ein schwerwiegender Nachteil.

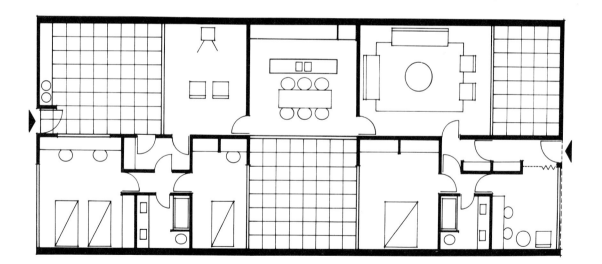

15 Atriumhaus für eine Wohngruppe. Chermayeff

Kritik:

1 Eingangs-Schleuse zum Haus? Ja.
2 Separater Eingang für Kinder? Ja. Über den Hof der Kinder.
3 Pufferzone zwischen Eltern und Kindern?
   Ja. Familienzimmer und Hof.
4 Schleuse am Schlafzimmer der Eltern? Ja.
5 Kann das Wohnzimmer isoliert werden? Ja.
6 Gibt es privaten Außenraum?
   Ja. Zu allen vier Zonen gehört ein eigener Außenraum: zum elterlichen Schlafzimmer, zum Wohnzimmer, zum Familienzimmer und zu den Kinderzimmern.

Schlußfolgerung:

Das zentral gelegene Familienzimmer, in dem auch alle Vorbereitungen zum Essen getroffen werden, erlaubt eine Aufteilung in drei Zonen. Das auf den Familienhof gehende Studier- und Schlafzimmer ist benachteiligt.

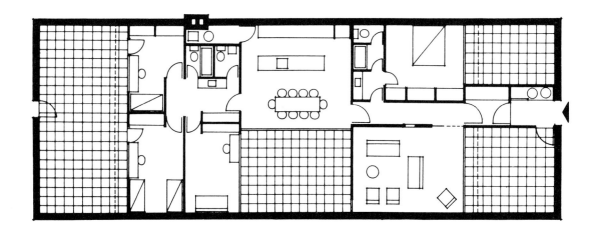

16 Atriumhaus für eine Wohngruppe
Robert Gordon und Chermayeff

Kritik:

1 Eingangs-Schleuse zum Haus? Ja.
2 Separater Eingang für Kinder? Ja. Über den Hof der Kinder.
3 Pufferzone zwischen Eltern und Kindern?
  Ja. Badezimmer, Toiletten und Hof.
4 Schleuse am Schlafzimmer der Eltern?
  Ja. Der Ankleideraum in der Flucht von Badezimmern und Toiletten.
5 Kann das Wohnzimmer isoliert werden? Ja.
6 Gibt es privaten Außenraum?
  Ja. Das Wohnzimmer hat zwei Höfe, die auch als Pufferzone dienen.

Schlußfolgerung:

Dieser großflächige Entwurf hat sechs Innenhöfe auf beiden Seiten der linearen Anordnung der Badezimmer und Toiletten, was die Aufteilung in vier deutlich getrennte Bereiche ermöglicht: den der Erwachsenen, der Familie, der Eltern und Gäste und den der Kinder. Das Gäste- und Studierzimmer, das auf den Familienhof hinausgeht, ist in der gleichen Weise benachteiligt, wie das beim vorangegangenen Grundriß der Fall war.

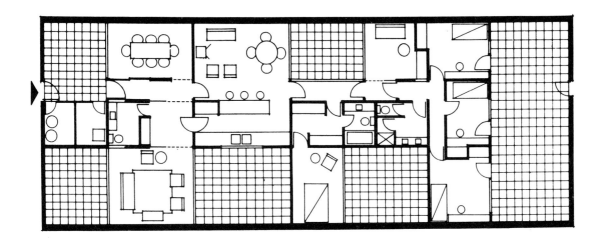

17 Atriumhaus. Harvard. Robert Reynolds und Chermayeff

Kritik:

1 Eingangs-Schleuse zum Haus?
  Ja. Ein ummauerter Außenhof und eine Eingangshalle.
2 Separater Eingang für Kinder?
  Ja. Beide Kinderzimmer haben separaten Zugang.
3 Pufferzone zwischen Eltern und Kindern?
  Ja. Die Räume zum Umkleiden und für Hygienezwecke bilden eine Pufferzone zum elterlichen Schlafzimmer. Das Eßzimmer und der Hof bilden Pufferzonen zwischen Familien- und Wohnzimmern. Die gesamte Länge des Hauses bildet einen Puffer zwischen dem elterlichen Privatbereich und dem der Kinder.
4 Schleuse am Schlafzimmer der Eltern?
  Ja. Alle Schlafzimmer sind als Schlaf- und Wohnzimmer mit trennenden Räumen zum Umkleiden und für Hygienezwecke entworfen.
5 Kann das Wohnzimmer isoliert werden?
  Ja. Entweder als kleiner, abgetrennter Bereich, oder wenn das Familienzimmer von der Kinderseite her betreten wird.
6 Gibt es privaten Außenraum?
  Ja. Bei ausreichender Grundstückstiefe für einen zusätzlichen Außenhof für den Kinderbereich sind drei völlig separate Außenzonen möglich: für Erwachsene, für die Familie und die Kinder.

Schlußfolgerung:

Trotz einer sehr schmalen Straßenfront verwirklicht der Plan eine gute akustische Trennung der Bereiche. Der zentrale Familienbereich bildet eine wirksame Pufferzone zwischen Erwachsenen und Kindern; jeder Privatbereich ist durch Schleusenräume, die zum Ankleiden und der Hygiene dienen, abgeschirmt.

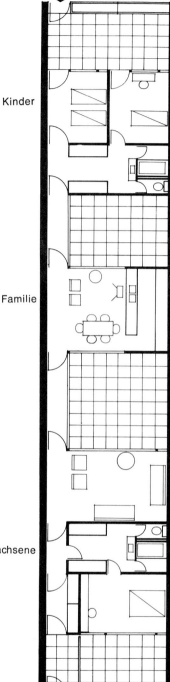

14 Neue Planeinheiten

Gemeinschaft und Privatbereich
Barrieren und Schleusen
Die hierarchische Ordnung
Die Hierarchie der Erhaltung der Natur
Die innerste Privatsphäre
Kunst und Wissenschaft

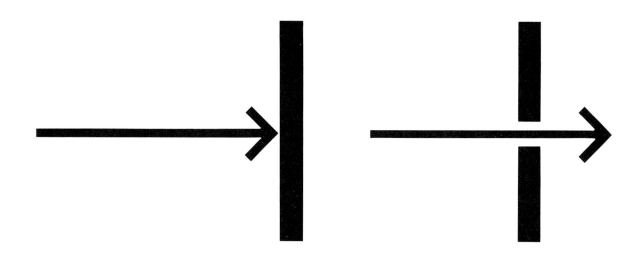
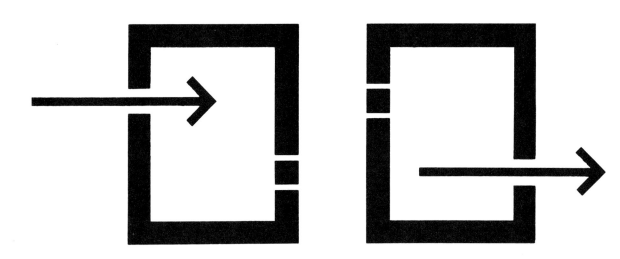

Diagramm der Entwicklungsfolge von der Schranke zum Schleusentor

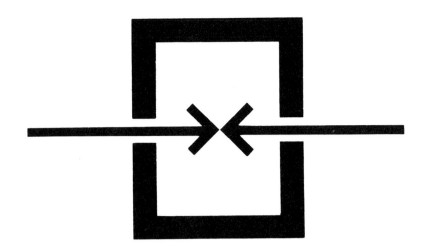

›Wenn es eine wesentliche Kontinuität der Form gibt, müssen wissenschaftliche Prinzipien von Form und Struktur existieren, die den gesamten Prozeß gelenkt haben und die, vielleicht nur ansatzweise, in vielen Bereichen des Anorganischen, Individuellen und Sozialen erscheinen. Es läßt sich eine umfassende Philosophie der Form denken, die sichtbar macht, worin wir mit der Natur übereinstimmen und worin wir einzigartig menschlich sind. Diese Philosophie liegt vielleicht nicht mehr fern und kann im voraus formuliert werden. Denn es sind bereits einige Regeln zu erkennen, die – wenn auch nicht universell – so doch weithin gültig sind. Da man sie auf dieser Stufe nur ungenau ausdrücken und die genauen Bedingungen ihrer Gültigkeit noch nicht näher bestimmen kann, sind diese Regeln gewiß noch nicht wissenschaftlich exakt. Aber sie sind vielleicht ein Ansatz.‹
Lancelot Law Whyte, ›Invisible Structure‹, in: ›Accent on Form: An Anticipation of the Science of Tomorrow‹, 1954.

›Nur der ungebundene Künstler-Forscher, der nicht-akademische Naturwissenschaftler, Philosoph, Mechaniker, Volkswirt und Dichter, der sich niemals um Gönner und um die Anerkennung seiner Fähigkeiten gekümmert hat, ist der entscheidende Initiator unserer Tage. Wenn der Mensch seine strukturweisende Funktion in der allgemeinen Evolution weiterhin erfolgreich erfüllt, so deshalb, weil in den nächsten Jahrzehnten der Künstler-Wissenschaftler spontan die Verantwortung für den Gestaltungsprozeß übernehmen und die Fähigkeiten des Menschen mit seinen Werkzeugen für Möglichkeiten nutzen wird, die statt der Zerstörung der Erhaltung des Lebens dienen.‹
R. Buckminster Fuller, ›Prime Design‹, in: ›Arts and Architecture‹, September 1962

Wir haben uns darauf beschränkt, einen winzigen Teil der urbanen Gestaltung zu betrachten, und haben sie unter dem Gesichtspunkt von Gemeinschaft und Privatbereich detailliert untersucht. Als Ergebnis der Untersuchung haben sich bestimmte Probleme herauskristallisiert und eine für alle städtischen Gestaltungsfragen geltende Grundeinstellung deutlich gemacht. Nicht nur für Wohngruppen und Häuser sind Barrieren und Schleusenräume notwendig. Die am Anfang dieses Kapitels abgebildeten Diagramme lassen sich auf jede Stufe der städtischen Hierarchie beziehen. Die Integrität der Bereiche und die Qualität des Übergangs zwischen ihnen bilden das entscheidende Problem der Gliederung.
Wer und was auf wen und was einwirkt, in welchem Ausmaß, wann und wie – das sind entscheidende Fragen, denen sich der urbanistische Gestalter nun zu stellen hat. Die Bedingung, daß die

Abgeschlossenheit von aneinandergrenzenden Bereichen jederzeit gewahrt bleiben muß, trotz Verbindung zwischen ihnen, läßt an die Schleuse eines Kanals denken, die zwei verschieden hohe Wasserspiegel voneinander trennt, oder an die Luftschleuse, die es erlaubt, sich zwischen Bereichen mit verschiedenem Luftdruck zu bewegen. In analoger Weise muß man verstehen, was wir in sozialer, visueller, akustischer, klimatischer und technischer Hinsicht erreichen wollen. Jede Art von Abgeschlossenheit kann jeweils nur durch eigene Schleusenräume und Pufferzonen gesichert werden.

Die Ergebnisse einer thematisch begrenzten, aber typischen Untersuchung dienen so als Ausgangspunkt für eine Reihe von Ideen für die vom Menschen geschaffene Umwelt. Es hat sich ein allgemeines Planungsprinzip ergeben, das für die Struktur einer Gruppe von Problemen gültig ist. Die Übergangspunkte, zuerst scheinbar zweitrangige Verbindungsstellen zwischen den Bereichen, haben sich als wichtige Primärfaktoren herausgestellt. Sie sind selbständige, physische Momente, entscheidende Elemente der Planung, die in einer mobilen, motorisierten und lauten Welt eine wesentliche Rolle spielen.

Im Verlauf der Darlegung unserer Bemühungen um ein Gleichgewicht zwischen Gemeinschaft und Privatbereich haben wir die physischen Verbindungsstellen gezeigt und soweit bestimmt, daß der Planer von ihnen als neuen, praktisch verwendbaren Planeinheiten sofort Gebrauch machen kann.

Noch wichtiger ist unsere Feststellung, daß es auf Grund des Prinzips deutlich gegliederter und zweckmäßiger Verbindungssysteme möglich ist, eine Vielfalt von Hierarchien der Organisation zu unterscheiden – Hierarchien, die ihrer Funktion und Form nach verschieden sind, die aber in ihrer Wirkung auf Planentwürfe und physische Formen eng und in komplexer Weise miteinander zusammenhängen.

In jeder hierarchischen Ordnung läßt sich ein weit größeres Spektrum von Stufen feststellen, als auf den ersten Blick deutlich wird. Nicht nur auf das vom Menschen Geschaffene ist die auf Wissen, Technik und Kunst beruhende hierarchische Ordnung anwendbar. Die drohende Zerstörung der Natur macht die Übertragung des Prinzips auf Projekte zu deren Konservierung erforderlich.

Der Komfort der Mechanisierung, den wir heute genießen, hat unserer natürlichen Umwelt – deren man sich unter anderen Gegebenheiten wohl erfreuen könnte – Narben zugefügt. Kaum jemand zögert heute, einen alten, großen Baum abzusägen, um Platz für ein unwichtiges, kurzlebiges Haus zu schaffen, das sich besser solchem Alter und solcher Größe fügen sollte. Vielleicht sind Gesetze notwendig, um große Bäume vor dem Vandalismus höchst privater Interessen zu schützen, indem man sie öffentlichen Bereichen zuordnete. Die beeindruckenden Dimensionen der Nationalparks und Meeresküsten-Schutzzonen lenken uns von der fortwährenden Erosion der Natur vor unserer eigen Tür ab.

In seinen letzten Jahren hat der Photograph Edward Steichen tagtäglich die Auswirkungen der Jahreszeiten, des Wetters und des Lichtes auf den Felsenbirnenstrauch vor seinem Fenster aufgenommen. Er hat ihn – um es mit den Worten René d'Harnoncourts auszudrücken – in einen ›Baum des Lebens‹ verwandelt. Man könnte eine imaginäre hierarchische Ordnung konstruieren, die das ganze Spektrum der Naturerlebnisse von dem des kleinsten natürlichen oder künstlichen Außenraumes innerhalb der städtischen Umwelt bis zu dem der ausgedehnten Wildnis umfaßt.

Vor allem anderen haben wir darauf hingewiesen, daß die verschiedenen Hierarchien der Organisation des menschlichen Wohnbereichs künftig den vernachlässigten Bereich des Privaten berücksichtigen müssen: die innerste Privatsphäre, das eigene Zimmer, den eigenen Innen- und Außenraum, damit ein Gleichgewicht entsteht zwischen dem häuslichen Bereich und dem öffentlichen – der Stadtlandschaft – und den großen Systemen und Ereignissen auf der Erde und am Himmel, die die Menschen gemeinsam erleben.

In dieser großen Hierarchie der natürlichen und der vom Menschen geschaffenen Ordnung würden deutlich verstandene Funktionen und klar gegliederte Formen gleichzeitig Integrität, Würde und Schönheit bedeuten. Zum Zweck eines besseren menschlichen Wohnens müssen das Natürliche und das vom Menschen Geschaffene in gleicher Weise berücksichtigt werden.

Die Zeit drängt. Jedes Planungsprinzip für die Erhaltung oder den Bau eines menschlichen Wohngebietes muß sich letzten Endes in der Praxis bewähren. Um Ideen für Entwürfe zu prüfen, muß man sie ausführen. Zunächst gilt es, sich zu einem System der Ordnung zu bekennen, dann Häuser, Städte oder bislang unbekannte Gebilde zu bauen und schließlich zu bewohnen, um deren Gültigkeit oder Wertlosigkeit festzustellen.

Mit diesem Buch sollte zweierlei erreicht werden: erstens, ein Ordnungsprinzip zu finden, mit dessen Hilfe eine physische Umwelt geschaffen werden kann, in der der Stadtmensch sein Gleichgewicht wiederfindet. Zweitens, die Designer in die Lage zu versetzen, die vor ihnen liegenden Aufgaben so zu lösen, daß künstlerische Intuition und technische Leistung einander ergänzen.

Gegenwärtig scheinen Kunst und Wissenschaft getrennte Wege zu gehen – wie auseinandergegangene Verliebte, die auf der Suche nach Trost Zuflucht zur Promiskuität nehmen. Der zivilisierte Mensch muß die erstrangige Bedeutung der Entwicklung einer ganzheitlichen Umweltgestaltung erkennen, in der die Kunst wieder durch die zweckbestimmte Disziplin der Wissenschaft mit der Realität verbunden und die Wissenschaft durch die Einsichten der Kunst inspiriert wird.

Diese Verschränkung könnte zu einem umfassenden Entwurf führen, der nicht nur den Gemeinschafts- und den Privatbereich berücksichtigt, sondern beiden in der Architektur einer neuen Humanität gleichermaßen huldigt.

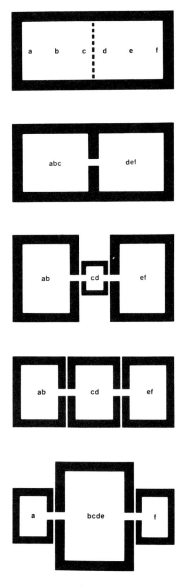

Die Schleuse entwickelt sich zum eigenen Bereich und zur Tätigkeitszone

Nachwort des Herausgebers

Als die amerikanische Erstausgabe diese Buches im Jahre 1963 erschien, waren die Probleme, mit denen es sich befaßt, nicht nur (wie sie es auch heute sind) von brennender Aktualität – sie wurden der Öffentlichkeit eben durch Publikationen wie diese kritisch bewußt gemacht. Die besondere Leistung Serge Chermayeffs und seines Co-Autors Christopher Alexander liegt darin, daß sie die Problematik der Gestaltung des engsten Wohnbereiches auf eine sehr differenzierte Weise dargestellt und analysiert haben, und daß sie darüber hinaus versuchten, Wege zu zeigen, auf denen die Befreiung aus dem Labyrinth der Fragen, die sich aus diesem Zusammenhang ergeben, möglich wäre. Chermayeffs und Alexanders konstruktive Vorschläge bestätigen ihre kritischen Untersuchungen und erhöhen deren Wert: Die Verbindung von Fragestellung und möglichen Antworten macht die außerordentliche Bedeutung dieses Diskussionsbeitrages für uns alle, die wir in einem modernen Ambiente leben, aus.
Die Frage nach dem Einfluß städtebaulicher Organisationsformen und des durch sie bestimmten Wohnklimas auf das zwischenmenschliche Verhalten, auf die Gesundheit des Individuums und weiter der Gemeinschaft, war 1961 von Jane Jacobs in dem Buch ›The Death and Life of Great American Cities‹ aufgeworfen und popularisiert worden. Was Chermayeff und Alexander in ihrer Untersuchung tun, ist die wissenschaftliche Spezifizierung vom Ansatz her ähnlicher Überlegungen zu dem begrenzteren (aber nicht minder wichtigen) Problem des Einzelhauses. Es berührt hier besonders, wie ein hochbedeutender Architekt – denn das ist Chermayeff – in hingebungsvoller Ernsthaftigkeit die scheinbar trivialste Seite der Wohnbauplanung, die der verbindenden bzw. trennenden Nebenräume, unter die Lupe nimmt. Er fordert, diesen für unser Leben so wirkungsschweren ›Nebensächlichkeiten‹ alle planerische Aufmerksamkeit zuzuwenden, und mit seinen praktischen und praktizierbaren Vorschlägen erteilt er den längst fälligen, aber tatsächlich erst von ihm konzipierten Elementarunterricht zur Umweltgestaltung im Nahbereich. In diesem auf die Praxis bezogenen An-den-Menschen-Denken lebt, dies darf wohl gesagt werden, die Geisteshaltung des Bauhauses fort. Wie Chermayeff hätte das Bauhaus in dieser späteren Phase der Entwicklung, in dieser veränderten Geschichtssituation, fragen und methodisch verfahren müssen.
Serge Chermayeff ist 1900 im südlichsten Teil Rußlands, nahe dem Kaukasus, geboren worden. Erzogen wurde er von seinem zehnten Lebensjahr an in England, wo er nach Absolvierung seiner Studien als Architekt freiberuflich – von 1933 bis 1936 gemeinsam mit Erich Mendelsohn – tätig war. Am Beginn des Zweiten Weltkriegs übersiedelte er nach den Vereinigten Staaten. Nachdem er von 1942 an am ›Brooklyn College‹ (New York) gelehrt hatte, übernahm er um die Jahreswende 1946/47 als Nach-

folger des verstorbenen Laszlo Moholy-Nagy die Leitung des ›Institute of Design‹ in Chicago, das aus dem ›New Bauhaus‹ hervorgegangen war. Kongenial wußte Chermayeff das Lehrprogramm Moholys der nach dem Krieg veränderten Situation anzupassen und es vorausschauend weiterzuentwickeln, so daß es, um nur ein Beispiel zu nennen, für die (von Max Bill geleitete) ›Hochschule für Gestaltung‹ in Ulm vorbildlich werden konnte. 1951 und 1952 unterrichtete Chermayeff, nach Trennung vom ›Institute of Design‹, am ›Massachusetts Institute of Technology‹ in Cambridge (Mass.), von 1953 an setzte er seine Lehrtätigkeit in derselben Stadt an der Harvard University fort. 1962 folgte er einem Ruf der Yale University nach New Haven (Connecticut), wo er seither lebt.

Christopher Alexander, der dieses Buch miterdachte und mitformulierte, kommt aus Wien. Auch er wurde in England ausgebildet. Er erlangte akademische Grade in Architektur und Mathematik am Trinity College im englischen Cambridge und promovierte an der Harvard University im amerikanischen Cambridge als Architekt. Anfang der sechziger Jahre, noch vor der Entstehung dieses Buches, beschäftigten ihn städtebauliche Entwicklungsarbeiten in Indien; kurz hernach nahm er einen Ruf an die Architektur-Abteilung der University of California in Berkeley an.

Kenneth Rexroth, der das Vorwort schrieb, ist in South Bend im amerikanischen Staat Indiana geboren worden; er ist ansässig in San Francisco, tätig als Maler, Autor und Kritiker.

Obgleich keiner der Mitarbeiter an unserem Buch dem alten Bauhaus angehört hat, wird man die hier auf eine so selbstverständliche Weise verwirklichte Form der Co-Operation (dazu noch auf einem Gebiet, auf dem sonst jedermann gern Alleinruhm beansprucht) ›bauhäuslerisch‹ nennen dürfen. Zusammenarbeit verleiht, richtig verstanden, optimale Chancen, das erstrebte Ziel zu erreichen, und vielleicht noch mehr – und allein darauf kommt es an, wenn man dem Menschen, dem Individuum wie der Allgemeinheit, dienen will.

Winter 1970/1971 **Hans M. Wingler**